Informatik im Fokus

Herausgeber:

Prof. Dr. O. Günther
Prof. Dr. W. Karl
Prof. Dr. R. Lienhart
Prof. Dr. K. Zeppenfeld

Informatik im Fokus

Rauber, T.; Rünger, G.
Multicore: Parallele Programmierung. 2008

El Moussaoui, H.; Zeppenfeld, K.
AJAX. 2008

Behrendt, J.; Zeppenfeld, K.
Web 2.0. 2008

Bode, A.; Karl, W.
Multicore-Architekturen. 2008

Hassan El Moussaoui · Klaus Zeppenfeld

AJAX

Geschichte, Technologie, Zukunft

Hassan El Moussaoui
Berliner Platz 24–28
48143 Münster
h.el-moussaoui@gmx.de

Prof. Dr. Klaus Zeppenfeld
FB Informatik
Fachhochschule Dortmund
Emil-Figge-Str. 42
44227 Dortmund
zeppenfeld@fh-dortmund.de

Herausgeber:

Prof. Dr. O. Günther
Humboldt Universität zu Berlin

Prof. Dr. W. Karl
Universität Karlsruhe (TH)

Prof. Dr. R. Lienhart
Universität Augsburg

Prof. Dr. K. Zeppenfeld
Fachhochschule Dortmund

ISBN 978-3-540-73112-2

e-ISBN 978-3-540-73115-3

DOI 10.1007/978-3-540-73115-3

ISSN 1865-4452

Bibliografische Information der Deutschen Nationalbibliothek
Die Deutsche Nationalbibliothek verzeichnet diese Publikation in der Deutschen Nationalbibliografie; detaillierte bibliografische Daten sind im Internet über http://dnb.d-nb.de abrufbar.

Einbandgestaltung: KünkelLopka Werbeagentur, Heidelberg

Gedruckt auf säurefreiem Papier

9 8 7 6 5 4 3 2 1

springer.com

Vorwort

Der Begriff AJAX ist in aller Munde. Doch was steckt dahinter? Die einen halten es für eine revolutionäre neue Technologie des Internets, die anderen sagen schlicht und ergreifend, dass es nur alter Wein in neuen Schläuchen ist.

Seitdem Jesse James Garrett im Jahre 2005 in seinem Artikel „A New Approach to WebApplications“ den Begriff AJAX geprägt hat, ist sehr viel Schwung und Bewegung in diese Technologie-Diskussion gekommen. Fest steht, dass Internetanwendungen, die mit JavaScript und dem XMLHttpRequest-Befehl aufgebaut sind, einen neuen Maßstab bezüglich der Interaktivität im Internet setzen, der in dieser Form bis dato unbekannt war. Weiterhin steht fest, dass Firmen, die sich dieser Form der Internetanwendungen bedienen, sehr erfolgreich am Markt agieren.

In diesem Buch, wie auch in der gesamten neuen Informatik-im-Fokus-Reihe des Springer-Verlags, wird versucht, in neue Technologien der Informatik zeitnah und gut verständlich einzuführen. Unabhängig von der Debatte über die technologischen Neuerungen, die nun letztendlich wirklich oder auch nicht in AJAX stecken, wird inhaltlich kompakt und konzentriert auf die wichtigsten und wesentlichen Aspekte von AJAX eingegangen. Am Ende können sich die Leserinnen und Leser selbst die Frage beantworten, was nun hinter dem Begriff AJAX steckt.

An dieser Stelle möchten wir uns ganz herzlich beim Team des Springer-Verlags, insbesondere bei Clemens Heine und Agnes Herrmann für die freunliche Unterstützung und die sehr gute Zusammenarbeit bedanken.

Für die Korrekturen und Anmerkungen geht unser Dank an Jens Behrendt.

Dortmund, im August 2007

Hassan El Moussaoui
Klaus Zeppenfeld

Inhaltsverzeichnis

1 Voraussetzungen

1.1 Einleitung

In den letzen Jahren entwickelte sich das World Wide Web (WWW) stetig weiter. Jüngst geprägte Begriffe, wie Web 2.0 und AJAX, haben sich in der Welt der modernen Webentwicklung etabliert und werden von interessierten Webentwicklern und Webbenutzern mit Begeisterung aufgenommen. Das erhöhte Interesse, welches AJAX derzeit genießt, ist auf visuell attraktive und hochinteraktive Web-Applikationen zurückzuführen, die in ihrem Verhalten Desktop-PC-Anwendungen ähneln.

AJAX bildet einen Zusammenschluss von mehreren Technologien, die, geschickt miteinander verbunden, zu erheblichen Verbesserungen gegenüber dem klassischen Kommunikationsweg führen können. Betrachtet der Benutzer eine Webseite und fordert weitere Daten an, so werden nur einzelne relevante Bereiche des Webdokumentes nachgeladen und dynamisch ausgetauscht, ohne dass ein erneutes Laden der kompletten Webseite stattfindet.

Eine Vorreiterrolle hat dabei die Firma Google eingenommen. Die beiden aus dem Unternehmen stammenden innovativen Anwendungen Google Maps [o18] und Google Suggest [o20] haben die Technologie innerhalb kürzester Zeit popularisiert. Der Begriff AJAX wurde von Jesse James Garrett, Gründer und Mitarbeiter der Agentur Adaptive Path, geprägt. In seinem am 18.02.2005 veröffentlichten Artikel „Ajax: A New Approach to Web Applications“ verweist er auf die beiden erwähnten Google-Anwendungen und bildet für die dort verwendete Technologie das Akronym AJAX. Garrett preist AJAX als ein neues Konzept an, welches erhebliche Vorteile gegenüber der aktuellen Client-Server-Kommunikation aufweist.

So heißt es in dem Artikel [o16]: „An Ajax application eliminates the start-stop-start-stop nature of interaction on the Web by introducing an intermediary — an Ajax engine — between the user and the server.“

Die Publikation des Artikels in Verbindung mit den Internet-Anwendungen verhalfen AJAX schnell zu hohem Ansehen im Bereich der Webentwicklung.

Die Umsetzung der Technologie, die hinter AJAX steckt, ist mittlerweile in der Praxis vorangeschritten und wird in vielen webbasierten Anwendungen genutzt. Neben den erwähnten Google-Applikationen stehen zahlreiche weitere Anwendungen im Internet zur Verfügung, welche sich ebenfalls des AJAX-Konzeptes bedienen. Yahoo!Maps [o51] (Landkarten-Service), ObjectGraph Dictionary [o34] (Wörterbuch) und Writely [o49] (Online-Editor) sind nur einige Beispiele, die es sich hier zu nennen lohnt.

Diese schnell voranschreitende Entwicklung in der Informatik liefert den Anlass für den Hintergrund dieses Buches. Es soll daher der Frage nachgegangen werden, was sich genau hinter dem Begriff und dem Konzept AJAX verbirgt. Dabei ist zu untersuchen, ob es sich tatsächlich um eine neuartige und „revolutionäre“ Webtechnologie handelt, oder ob AJAX vielmehr ein Produkt bereits bestehender und bekannter Technologien darstellt, welches bloß unter einer neuen Bezeichnung eingeführt wurde.

Ferner sind die Motive für das aktuelle Interesse an AJAX darzulegen. Dabei werden die Gründe genannt, die eine Einführung von AJAX zu früheren Zeiten verhindert haben.

Um die genannten Ziele zu erreichen, werden im zweiten Kapitel die Abgrenzung verschiedener Internetdienste zum World Wide Web sowie der historische Verlauf des Webs zusammenfassend dargestellt.

Im nachfolgenden Kapitel werden der gegenwärtige Zustand von AJAX beschrieben und die historische Entwicklung wichtiger technischer Bestandteile vorgestellt. Neben einer Begriffsdiskussion wird die technische Vorgehensweise erläutert und gegenüber der „normalen" klassischen Methode abgegrenzt. Die einzelnen Komponenten, aus denen AJAX besteht, sind unabhängig voneinander untersucht und ausführlich erläutert, so dass nach und nach die einzelnen Bestandteile zum Gesamtkonzept AJAX zusammengeführt werden können.

Eine Zusammenstellung der bisher erreichten Ziele und der noch zu bewältigenden Herausforderungen gibt Aufschluss über die praktische Eignung von AJAX.

Im fünften Kapitel ist anhand einer Beschreibung möglicher Hilfsmethoden, wie Bibliotheksdateien, vertiefendes Wissen zu AJAX dargestellt.

Abschließend veranschaulicht ein einfach gehaltenes Fallbeispiel die Arbeits- und Vorgehensweise von AJAX. Aufbauend auf den Lösungen der genannten Fragestellungen wird das Zusammenspiel der einzelnen Techniken, derer AJAX sich bedient, verständlich dargestellt und zu einem Ganzen zusammengeführt.

2 Internetdienste und das World Wide Web

Wie jedem Trend geht auch AJAX eine weit zurückreichende Geschichte voraus, die mit dem World Wide Web und einigen Versuchen der dynamischen Webprogrammierung ihren eigentlichen Beginn fand. Um den Stellenwert von AJAX in den richtigen Bereich einordnen zu können, wird in den Abschnitten 2.5 und 2.6 ein kurzer Überblick über die Entwicklung des World Wide Web gegeben. Das World Wide Web, kurz WWW, bildet einen von mehreren Internetdiensten, die in den nachfolgenden Abschnitt vorgestellt werden [04].

2.1 FTP

Das File Transfer Protocol (FTP) erlaubt es, lokale Daten auf einen Server zu übertragen (upload) oder Daten von einem Server auf den eigenen Rechner zu transferieren (download). Mit Hilfe eines FTP-Clients kann die Verbindung zu einem Server hergestellt werden, wobei es zwei Einwahlmöglichkeiten gibt:

- autorisierte Einwahl: Mit der Eingabe von zugriffsberechtigenden Daten (Benutzername und Passwort) kann eine Verbindung zum FTP-Server aufgebaut werden.

- anonyme Einwahl: Auf öffentlichen FTP-Servern, die frei verfügbare Software zum Download anbieten, kann der Zugang anonym und ohne Zugangsberechtigung erfolgen. Dabei wird meist „anonymous" oder „ftp" als Benutzername und als Passwort „guest" oder die eigene E-Mail-Adresse eingetragen [04].

Sobald die Einwahl auf dem Server erfolgreich abgeschlossen ist, können Serverdaten manipuliert werden. So ist z. B. das Erstellen von neuen Verzeichnissen oder das Löschen von Daten in den freigeschalteten Verzeichnissen möglich.

Bei der Datenübertragung hat FTP gegenüber dem HTTP-Protokoll den Vorteil, dass begonnene und nicht abgeschlossene Transfers zu einem späteren Zeitpunkt fortgesetzt werden können. Im Gegensatz zu HTTP verwendet FTP bei der Übertragung von Daten zwei Kanäle, was zu einer sichereren und weniger fehleranfälligen Verbindung führt. Einer dieser Kanäle sendet die Befehle, der andere die eigentlichen Daten [19].

2.2 Telnet

Dieser Dienst erlaubt es, Rechner im Internet per Fernzugriff zu bedienen. Nach dem Einwählen über den eigenen Rechner, der bei der Sitzung als Terminal dient, findet die Eingabeaufforderung statt. Der Client überträgt die eingegebenen Daten auf einen entfernten Host-Rechner und stellt alle vom Server zurückgesendeten Informationen wieder auf dem eigenen Bildschirm dar. Je nach Zugriffsrecht können unterschiedliche Aktionen durchgeführt werden. Der Dienst eignet sich besonders für die Pflege und Wartung eines Webservers. Ein erheblicher Vorteil von Telnet ist, dass eine Verbindung zwischen zwei Computern unabhängig vom Betriebssystem aufgebaut werden kann. Die Datenpakete, die dabei untereinander versendet werden, sind im Verhältnis zu den zu übermittelnden Informationen relativ groß, da Telnet verschwenderisch mit den Ressourcen umgeht [04].

Ein entscheidender Nachteil dieser Kommunikationsmethode ist, dass alle eingegebenen Daten in Klartext darstellbar sind und somit keine ausreichende Sicherheit besteht. Eine sichere Alternative dazu bildet SSH (Secure Shell) (s. Kap. 2.4). Im Gegensatz zu Telnet werden die Daten verschlüsselt übertragen, was einen erheblichen Vorteil unter dem Sicherheitsaspekt mit sich bringt. Mittlerweile gibt es Telnet-Clients, die über eine integrierte SSH-Erweiterung verfügen (vgl. Abb. 2.1.) [o15].

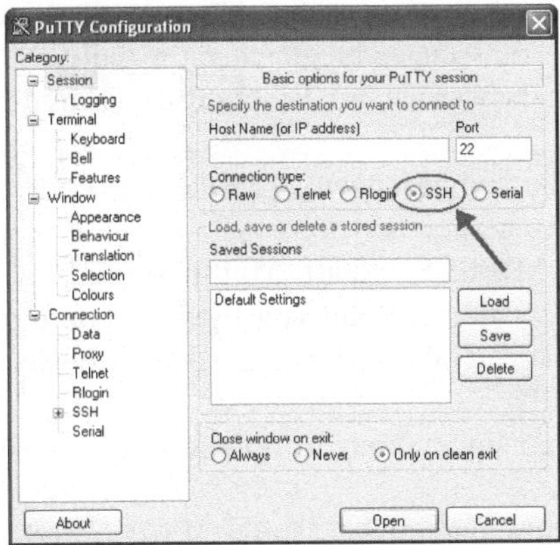

Abb. 2.1. Telnet-Client mit integrierter SSH-Erweiterung

2.3 E-Mail

Neben dem World Wide Web ist E-Mail der bekannteste und meistgenutzte Internetdienst. E-Mail ist das führende digitale

Kommunikationsmedium, welches erlaubt, elektronische Post von einem Sender an einen oder mehrere Empfänger zu übermitteln. Erfunden wurde der Dienst 1972 vom Internet-Pionier Raymond S. Tomlinson, der mit seinen beiden Programmen SNDMSG und READMAIL die erste Mail über das Internet versendet hat [19].

Im Gegensatz zum klassischen Briefverkehr oder Telefonaten bietet E-Mail deutliche Vorteile:

- E-Mail bildet einen preiswerten und meist kostenlosen Dienst.
- Die Übertragung von E-Mails ist schnell und ortsunabhängig.
- Die Kommunikation ist zeitunabhängig (Der Sender und der Empfänger müssen nicht gleichzeitig online sein. Empfangene E-Mails werden im Postfach des Empfängers hinterlegt).
- Empfangene und gesendete Nachrichten können zwecks Datenerhaltung gespeichert werden.
- Durch den MIME-Standard (Multipurpose Internet Mail Extensions), der den Aufbau von E-Mails koordiniert, können digitale Dateien als Anhang gesendet werden (Datenaustausch) [o13].
- E-Mail kann an mehrere Empfänger gleichzeitig gesendet werden.
- Durch Eintragungen in Mailing-Listen und Newslettern werden für den Benutzer interessante Informationen komfortabel an dessen Mailing-Adresse zugesandt.

Der E-Mail-Dienst konnte bisher den klassischen Briefverkehr im Hinblick auf unterschriftspflichtige Dokumente nicht ersetzen. Jedoch wurde am 01.04.2005 ein Gesetz vom Bundestag verabschiedet, welches Anwälten erlaubt, ihre Schriftsätze elektronisch per E-Mail statt in Papierform einzureichen. Dieses Gesetz ist Teil der Initiative BundOnline2005, deren

Ziel es ist, alle erdenklichen Dienstleistungen online zur Verfügung zu stellen [o06]. Dazu bedarf es neben einem PC die dazugehörige Software und einer Signaturkarte, welche die elektronische Unterschrift eines Anwalts enthält. Dieses Szenario bildet ein Beispiel, bei dem eine rechtliche Grundlage für dokumentenechte E-Mails geschaffen wurde. Dadurch kann der bisherige Nachteil von E-Mail gegenüber dem Briefverkehr aufgehoben werden.

2.4 Weitere Dienste

Weitere wichtige Dienste des Internets, die zwar für die Anwendung von AJAX nicht relevant sind, werden hier der Vollständigkeit halber noch kurz aufgelistet und erläutert:

- Peer-to-Peer: In einem Peer-to-Peer-Netz können die verbundenen Computer direkt untereinander kommunizieren. Jeder Computer bildet einen Knoten in diesem Verbund, der zeitgleich die Rolle des Clients und des Servers annehmen kann, so dass jeder Knoten in diesem Netzwerk sowohl Daten senden als auch speichern kann. Über die Autonomie jedes Rechners im Peer-to-Peer-Netz, auch P2P genannt, kann jeder Computer selbst bestimmen, welche Ressourcen für den anderen zugänglich sind. Ein bekanntes Beispiel für die Anwendung von Peer-to-Peer bilden die Tauschbörsen, die diesen Dienst für die Weitergabe der Daten (File-Sharing) verwenden [28].
- Usenet: Über diesen Dienst kann ein Verbund von Servern Informationen bereitstellen und untereinander austauschen. Usenet bildet ein verteiltes Diskussionssystem, bestehend aus mehreren Newsgroups, und wird im Internet durch das Network News Transfer Protocol (NNTP) angebunden.

- SSH: Secure Shell (SSH) ist ein Internetprotokoll und sorgt für eine kryptografisch gesicherte Kommunikation über nicht gesicherte Netze. Um eine Verbindung zu einem entfernten Kommunikationspartner aufbauen zu können, muss zunächst eine gegenseitige Authentifizierung durchgeführt werden.
- VoIP: Durch Voice over IP (kurz VoIP) wird das Telefonieren über Computernetzwerke ermöglicht. Dabei werden die Sprach- und Signaldaten unter Verwendung des Internet Protokolls (IP) übertragen. Je nach Datennetz, wie z. B. LAN (Local Area Network; lokales Netz), MAN (Metropolitan Area Network; Regionales Netz) und WAN (Wide Area Network; Weitverkehrsnetz), kann VoIP spezifisch als LAN-Telefonie, IP-Telefonie oder Internet-Telefonie bezeichnet werden.
  Der technische Verlauf bei VoIP gestaltet sich wie folgt: Das analoge Signal, das ein Mensch beim Sprechen verursacht, wird über einen Analog/Digital-Wandler in einen Bitstrom umgewandelt. Ein Kodierer komprimiert und bündelt diese Daten zu Datenpaketen. Mit einer eindeutigen Absender- und Zieladresse, der IP-Adresse, werden die Pakete über das Netz gesendet. Auf der Seite des Empfängers werden die digitalen Daten dekodiert und in analoge Daten umgewandelt.
- Gopher: Dieser Dienst, der aus dem Befehl „go for“ abgeleitet wurde, ähnelt dem ursprünglichen World Wide Web und stellt den Benutzern verschiedenartige Dokumente zur Verfügung. Neben der Informationsbeschaffung werden weitere Internetdienste, wie Telnet oder FTP, angeboten [25].
- Newsgroups: Newsgroups entsprechen globalen digitalen schwarzen Brettern. In verschiedenen Interessengemeinschaften können zu bestimmten Themen Nachrichten eingetragen, Kommentare gelesen oder Informationen und Meinungen ausgetauscht werden.

- Instant Messaging: Instant Messaging sorgt für eine elektronische Kommunikation zwischen räumlich getrennten Personen in Echtzeit. Um diesen Internetdienst verwenden zu können, wird ein Client benötigt, mit dem die Verbindung zu einem virtuellen Treffpunkt erstellt werden kann. IRC (Internet Relay Chat) bildet eines der bekannteren Protokolle dieses Webdienstes.
- VPN: Virtual Private Network baut eine sichere TCP/IP-basierte Verbindung auf, um Daten über öffentliche Leitungen versenden zu können. Mittels Peer-to-Peer werden die Datenpakete verschlüsselt und in einem Tunnel zwischen VPN-Client und VPN-Server sicher transportiert.
- WAIS: Über Wide Area Information Server System (WAIS) kann in weltweit verteilten Dokumenten eine Volltextsuche, meist durch Stichworte, durchgeführt werden. WAIS wird häufig vom Dienst Gopher verwendet.

2.5 World Wide Web

Das World Wide Web, kurz WWW, basiert wie die meisten Dienste auf der Client-Server-Architektur. Fälschlicherweise wird das WWW oftmals in der Bevölkerung mit dem Internet gleichgesetzt. Dabei bildet das WWW lediglich einen weiteren Dienst des Internets, der ein auf Hypertext basierendes Informationssystem darstellt. Über Links kann auf den Inhalt anderer Webdokumente zugegriffen werden. Wie auch das Internet war das WWW zunächst für die Bevölkerung irrelevant und nur für die Wissenschaft und das Militär zugänglich. Die Benutzung des World Wide Web entwickelte sich langsam. 1993 machte der Webverkehr gerade mal einen Prozent des gesamten Datenverkehrs des Internets aus [o53].

2.5.1 Historie

Im März 1989 präsentierte der Brite Timothy Berners-Lee, ehemaliges Mitglied des Europäischen Rats für die Kernforschung CERN (Organisation Européenne pour la Recherche Nucléaire), den Vorschlag „Information Management: A Proposal", die Grundidee des WWW [o02]. Der Grundgedanke war, den Kernphysik-Wissenschaftlern eine angemessene Kommunikationsplattform zu bieten, welche als Hyperlink-System kompatibel zu dem seinerseits bereits existierenden Internet sein sollte. Ein Webdokument, welches sich auf externe Informationsquellen bezieht, sollte die Daten anderer Webseiten nicht wie bisher einfach nur erwähnen, sondern diese direkt über elektronische Verweise aus dem Dokument aufrufen können. Mittels eines einzigen Tastendrucks sollten Benutzer von einer Internetseite zu einer beliebigen anderen Seite springen können, unabhängig von der Entfernung oder der geografischen Lage der Rechner. Mit der Hilfe seines Kollegen Robert Cailliau wurde das Konzept, welches auf der Client/Server-Architektur basiert, vorangetrieben und im Oktober 1990 der Öffentlichkeit als das „World Wide Web" (oder W3) vorgestellt.

Innerhalb einiger Wochen programmierte Berners-Lee auf einem NeXT-Computer die erste Version des World Wide Web [o04].

Beim WWW bilden drei technische Aspekte wichtige Kernpunkte [25]:

- Kommunikationsprotokoll: Das HTTP-Protokoll (Hypertext Transfer Protocol) dient der Datenübertragung über ein Netzwerk und der Kommunikation zwischen Server und Client.
- Eindeutige Adresse: Der URL (Uniform Resource Locator) spezifiziert Adressen im Web. Jeder URL besteht aus einem

Kopf, in welchem das Zugriffsprotokoll definiert wird (FTP, HTTP, etc.), und dem Universal Resource Identifier (URI), der die Serveradresse und einen individuellen Pfad beinhaltet [14].

- Auszeichnungssprache: HTML (Hypertext Markup Language) wird zur Darstellung der Inhalte eines Webdokumentes benötigt.

Die Nutzung des World Wide Web für die breite Masse wurde erst durch Webbrowser ermöglicht. Der erste textbasierte Browser wurde im Februar 1991 von Berners-Lee vorgestellt und bekam die Bezeichnung WorldWideWeb, die jedoch später, um Verwechslungen mit dem WWW zu vermeiden, in Nexus umbenannt wurde [o03]. Ein Jahr später folgten zwei weitere Implementierungen, die erstmals über eine grafische Benutzeroberfläche verfügten. Die beiden Browser wurden für das X-Window-System geschrieben und stammen von verschiedenen Herstellern. Der eine Anbieter war O'Reilly, der den Webbrowser Viola einführte, und die Helsinki University of Technology nannte ihr Produkt Erwise [o35].

Zum endgültigen Durchbruch des World Wide Web trug der Mosaic-Browser bei, der von Marc Andreesen, dem Mitbegründer der im Jahre 1994 gegründeten Browserfirma Netscape, und seinem Kollegen Eric Bina, entwickelt wurde. Andreesen und Bina waren Studenten der NCSA (National Center for Supercomputing Applications) der University of Illinois.

Mit einer grafischen Benutzeroberfläche und einer fensterbasierten Bedienung war der Webbrowser benutzerfreundlicher als alle seine Vorgänger. Die erste Version des Browsers war zunächst für das X-Window-System gedacht, welches in der Wissenschaft sehr verbreitet war. Mit der Einführung weiterer Versionen für PCs und Macintosh-Computer wurde der Browser auch für Privatpersonen zugänglich. Mit diesem nützlichen Online-Werkzeug konnte nun auch die Bevölkerung auf das von der CERN freigegebene Kommunikationsmedium World Wide Web zugreifen.

Durch das WWW wurde das Internet benutzerfreundlicher und ermöglichte die massentaugliche Verwendung des Mediums Internet. Alle Internet-Dienste wurden über das World Wide Web unter einer grafischen Benutzeroberfläche hypertextartig integriert [10].

2.5.2 Web im Wandel

Das World Wide Web hat sich im Laufe der Jahre stark verändert. In der Anfangszeit bestand es meist aus statischen Seiten, deren Inhalte stets gleich blieben. Änderungen auf den Webseiten konnte nur der Webentwickler durch Editieren des Quelltextes vornehmen. Um die Webdokumente interaktiver zu gestalten und sie von der Starrheit zu befreien, wurden dynamische Webseiten eingeführt. Die Webbrowser mussten modifiziert und durch Funktionalitäten erweitert werden, um zu gewährleisten, dass sie in der Lage waren, den Inhalt der HTML-Seiten dynamisch anzuzeigen [20].

Dynamische Dokumente werden serverseitig zusammengestellt und vom Webbrowser angefordert. Mittels eines Programms werden die dynamischen Dokumente erst zur Laufzeit erzeugt. Im Gegensatz zu statischen Webseiten kann durch clientseitige Technologien, wie Java-Applets, JavaScript, VBScript oder ActiveX-Controls auf Benutzeraktionen flexibel reagiert werden, um relevante Daten aus der Datenbank im Webbrowser anzuzeigen. Bis zum Jahr 2000 wurde die clientseitige Programmierung vermehrt eingesetzt, um sämtliche Aufgaben, die eine Verbindung zum Server nicht erfordern, zu bearbeiten. Durch marktpolitische Erwägungen und auftretende Sicherheitsprobleme wurde der Vorstoß der clientseitigen Programmierung jedoch zurückgedrängt und verstärkt auf serverseitige Programmierung Wert gelegt. Mittlerweile hat sich ein vernünftiger Kompromiss bei der Aufgabenteilung zwischen Client und Server durchgesetzt, so dass beide Extreme verhindert werden. Das heißt, es werden weder zu viele Vorgänge auf dem Client ausgeführt, noch wird alles auf den Server verlagert.

In der jüngsten Zeit ist eine weitere Änderung des World Wide Web festzustellen, die zunehmend häufiger in Web-Anwendungen auftritt und auf einen Wandel im Web hindeutet. Diese Anwendungen heben sich gegenüber konventionellen Webseiten hervor und gehören zum Web 2.0, das ebenso wie AJAX ein weiteres populäres Schlagwort ist. Zwar ist dieser Begriff in vielen Quellen, hauptsächlich im Internet und dort meist in Blogeinträgen, anzutreffen, jedoch ist es schwierig, eine genaue Definition des Begriffs zu finden bzw. selbst zu formulieren.

Der Begriff Web 2.0 wurde bei einer gemeinsamen Konferenz zwischen O'Reilly und MediaLive International erfunden [o46]. Dort wurde die These aufgestellt, dass die Entwicklung des World Wide Web hin zum Web 2.0 in direktem Zusammenhang mit dem Ende der Dot-Com-Ära steht [o33]. Die Unternehmen, die den wirtschaftlichen Untergang dieser Epoche überlebt hatten, änderten als Maßnahme eines strikten Konsolidierungskurses ihre Strategie und Firmenphilosophie.

Die mittlerweile große Anzahl von Web-Applikationen im Internet, die das AJAX-Konzept verinnerlichen, sowie das große mediale, wirtschaftliche und programmiertechnische Interesse an Web 2.0, das AJAX stets im Mittelpunkt aufweist, erinnert an die Euphorie des Zeitalters der Dot-Com-Unternehmen, der so genannten New Economy. Einige Experten, wie der Investment Banker Peter Falvey von Revolution Partners, kritisieren die Anlegelust der Investoren und vergleichen den aktuellen Trend mit der Situation aus dem Jahre 1999 [o44]. Doch dass sich diese Zeiten wiederholen, indem eine erneute Blase erzeugt wird, die platzen könnte wie einst geschehen, ist trotz der aktuellen Anzeichen, die sich durch die Kauf- und Investitionslust bemerkbar machen, unwahrscheinlich.

2.5.3 Dot-Com-Rückblick

Mitte der 90er Jahre gewann das Internet stetig an Popularität in der Bevölkerung. Das Medium, das einst nur dem Militär und der Wissenschaft vorbehalten war, wurde massentauglich [o17].

Ab 1994 entdeckten viele Geschäftsleute das World Wide Web als neues Verkaufsportal und gründeten neue Unternehmen, so genannte Start-Ups, die teilweise nur im Internet agierten. Aus dieser Epoche stammen große Unternehmen wie Amazon.com, Yahoo! oder auch eBay. Ab dem Jahre 1998 war die Stimmung des Wirtschaftszweiges New Economy so gut, dass junge Unternehmen, trotz des Fehlens eines tragfähigen Geschäftskonzeptes, keine größeren Schwierigkeiten hatten Investoren zu finden. Eine halbwegs begründete Geschäftsidee reichte zu der Zeit teilweise schon aus, um an Kapital zu gelangen, da der Glaube an die Branche und an deren Wachstumspotenzial hoch war. Der Gang zur Börse vieler Aktien-Firmen und die hohen Beträge [o14], mit denen die Aktien gehandelt wurden, bestätigten diesen Glauben. Ein wildes Spekulationsfieber in der Internetbranche brach aus. Obwohl zahlreiche Experten die Aktienkurse der Start-Ups am „neuen Markt“ [o11] für übertrieben und überbewertet hielten, konnte die überschwängliche Euphorie nicht gebremst werden.

Im Laufe des Jahres 2000 veränderte sich dies dramatisch ins Gegenteil. Dot-Com-Unternehmen, die kein erfolgreiches Geschäftsmodell aufwiesen, konnten keine ausreichenden Gewinne erzielen, was dazu führte, dass sie nicht lange am Markt

Bestand hatten. Es kam zum Sturz vieler Aktien, was im Nachhinein mit dem „Platzen der Dot-Com-Blase“ bezeichnet wurde. Die Start-Ups wurden den Anforderungen der Kapitalgeber nicht gerecht, so dass diese weitere Hilfen in Form von Risikokapital verweigerten. Analysten, die das Fehlen einer Unternehmensstrategie und eines Konzeptes bemängelten, korrigierten die Bewertung der Unternehmen drastisch nach unten, so dass in kürzester Zeit Millionen von Verlusten entstanden, welche wiederum zu Panikreaktionen am Börsenparkett unter den Anliegern und den Kunden führte (vgl. Abb. 2.2.).

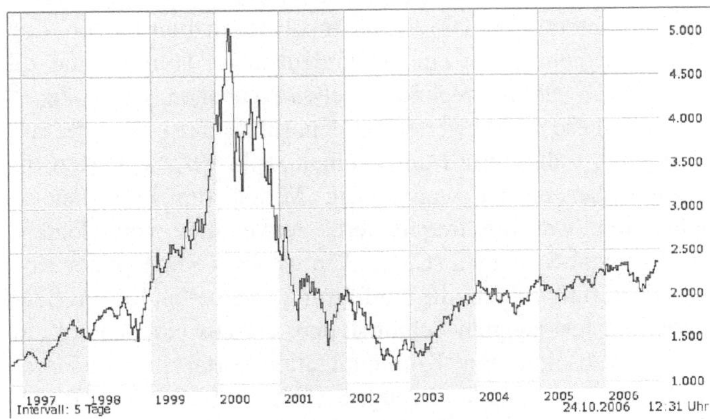

Abb. 2.2. Aktienindex der NASDAQ

Der in Abb. 2.2. dargestellte Börsenverlauf zeigt den Wert des NASDAQ, der US-Technologiebörse. Aus dem am 10. März 2000 dotierten Höchststand von 5048,62 Punkten wurde im Oktober 2002 ein Tiefststand mit nur noch knapp über 1000 Punkten.

Durch den Ausfall des Investitionskapitals geriet die New Economy in unüberwindbare finanzielle Nöte, was zum Zusammenbruch der Technologiebörse führte und den Traum des schnellen Geldes für viele Anleger platzen ließ. Der Untergang des Dot-Com-Zeitalters wurde durch erste Insolvenzen besiegelt, die aufgrund der hohen Verunsicherung, die in der Branche plötzlich herrschte, Konkurs anmelden mussten. Einige der Unternehmen, die nicht zu risikofreudig gewesen waren, überlebten wirtschaftlich diese Epoche. Investoren unterzogen die Dot-Com-Unternehmen einer betriebswirtschaftlichen Überprüfung, bevor sie bereit waren, finanzielle Unterstützung zu gewähren.

Nach dem steilen Aufstieg bis hin zum Börsencrash im Jahr 2000 folgte eine grundlegende Veränderung und Bereinigung der Internetbranche. Die vielen Insolvenzen führten für manchen Unternehmer zu einem Umdenken im Hinblick auf die vorher hochgelobten technologischen Neuheiten. Die Erkenntnis, dass diese überbewertet wurden, führte dazu, dass der risikofreudige Führungsstil durch einen strikt geführten Konsolidierungsplan ersetzt wurde. Ein Mittel, um Fixkosten zu reduzieren, war die frequentierte Anwendung von Content-Management-Systemen (CMS). Ein weiteres Konzept der Kostenreduzierung bildete die Einführung von verbindlichen Standards und festgelegten Schnittstellen, die aus einem Pool einzelner Webseiten ein Kommunikationsportal mit standardisierter Webtechnologie erzeugten. Jene Firmen, wie z. B. Yahoo! oder Google, die den Börsencrash wirtschaftlich überlebt hatten, sind maßgeblich an der Weiterentwicklung des World Wide Web, wie es heute bekannt ist, beteiligt [o33].

2.5.4 Web 2.0 – Begriffsdiskussion

Eine genaue Definition von Web 2.0 blieb auch durch die Vertreter der beiden Unternehmen O'Reilly und MediaLive International, die den Begriff gemeinsam erarbeitet haben, aus. Die Feststellung, dass neue und visuell attraktive Web-Anwendungen häufiger im Internet publik gemacht wurden, führte auf der „Web 2.0 Conference“ [o46] zu Vergleichen zwischen bekannten, konventionellen und neuen Web-Anwendungen, die in der folgenden Tabelle 2.1. als Web 1.0 und Web 2.0 aufgelistet werden.

Tabelle 2.1. Gegenüberstellung: Web 1.0- und Web 2.0-Anwendungen

Web 1.0		Web 2.0
DoubleClick	►	Google AdSense
Ofoto	►	Flickr
Akamai	►	BitTorrent
mp3.com	►	Napster
Britannica Online	►	Wikipedia
personal websites	►	Blogging
Evite	►	upcoming.org and EVDB
domain name speculation	►	search engine optimization
page views	►	cost per click
screen scraping	►	web services
Publishing	►	Participation
content management systems	►	Wikis
directories (taxonomy)	►	tagging ("folksonomy")

Die Tabelle 2.1. veranschaulicht nur einige Vergleiche und könnte durch zahlreiche weitere Vergleiche erweitert werden. Nach O’Reilly ist der Unterschied zwischen einer Web 1.0- und Web 2.0-Applikation schwer festzustellen, da Web 2.0 als Modewort für Web-Anwendungen missbraucht wird, die im eigentlichen Sinne keine Neuerungen darstellen. Erschwerend kommt hinzu, dass Anwendungen, die den Charakter einer

Web 2.0 aufweisen, als solche nicht unbedingt erkannt wurden [o33].

Kritiker behaupten, dass Web 2.0 ein weiteres Schlagwort neben AJAX darstellt, welches keine neuen Aspekte mit sich bringt. Die mangelhafte bzw. nicht vorhandene Definition lässt viel Spielraum für Interpretationen. Oberflächlich betrachtet könnte man meinen, dass sich unter dem Begriff Web 2.0 alle Web-Anwendungen sammeln dürfen, die einer „gewissen Anschauung" [21] entsprechen. Der Trend geht dahin, den Arbeitsplatz mit den verwendeten Desktop-Anwendungen ins Web zu verlagern, um orts- und zeitunabhängig per Internet darauf zugreifen zu können. Ein wichtiger Punkt bei dieser Anschauung ist die stärkere Einbindung des Benutzers, um mehr Eigendynamik in die Netzstrukturen einzubringen.

Um Benutzerinteraktionen voranzutreiben, werden bei Web 2.0-Anwendungen typische Ereignisse von Desktop-Anwendungen zur Verfügung gestellt, die eine flexible und komfortable Arbeitsweise mit den Webdokumenten erzeugen. Ereignisse, wie z. B. Doppelklick oder Drag & Drop, können angewendet werden, um Daten in eine Liste einzufügen oder einzelne Webelemente zu verschieben und an einer anderen Position der Webseite zu koppeln. Das Unternehmen Google hat mit „Google Personal Homepage" [o19] eine Anwendung erschaffen, mit der individuelle Informationen angezeigt und abgespeichert werden können. So ist es z. B. möglich, das Wetter für eine bestimmte Stadt anzeigen zu lassen oder die Anzahl von Nachrichten einzustellen, die dargestellt werden sollen. Ferner können diese Informationen interaktiv per Drag & Drop auf der Webseite positioniert werden, so dass eine eigene Sichtweise eingerichtet werden kann. Hinter all solchen Ereignissen steckt AJAX, welches als Mittelpunkt vieler Web 2.0-Applikationen eine überragende Rolle einnimmt.

2.5.5 Exkurs – Blog

Eine weitere Veränderung des Internets, die sich weniger auf AJAX und den technischen Aspekt bezieht, sondern eine soziale Betrachtungsweise mitbringt, ist die Einführung von Weblogs, die stellvertretend für den Charakterwandel des Web stehen. Ein Weblog, oder kurz Blog, ist eine Art Onlinetagebuch, welches bei einer Internetapplikation der neuesten Generation (auch Web 2.0 genannt) nicht fehlen darf. Auch wenn Weblogs nur indirekt in Verbindung mit dem AJAX-Konzept stehen, so sind sie doch ein deutlicher Hinweis auf den technischen und sozialen Wandel, der sich im Internet in den letzten Jahren vollzogen hat.

Blogs bilden Beiträge verschiedener Benutzer in umgekehrter chronologischer Reihenfolge und stellen somit ein Online-Journal dar. Die Bezeichnung Weblog setzt sich zusammen aus «Web» und «Log», wobei Log vom Begriff Logbuch abgeleitet wird und eine journalartig geführte Aufzeichnung von Ereignissen meint. Bei einer Blog-Software, dem Weblog-Publikationssystem (WPS) handelt es sich um eine vereinfachte Variante eines Content-Management-Systems, bei der Journale einfach und ohne Vorwissen geführt werden können. Solche Einträge werden Teil der Webseite und binden den Benutzer aktiv mit ein. Die Aufgaben eines Blogs können aus Abb. 2.3. entnommen werden.

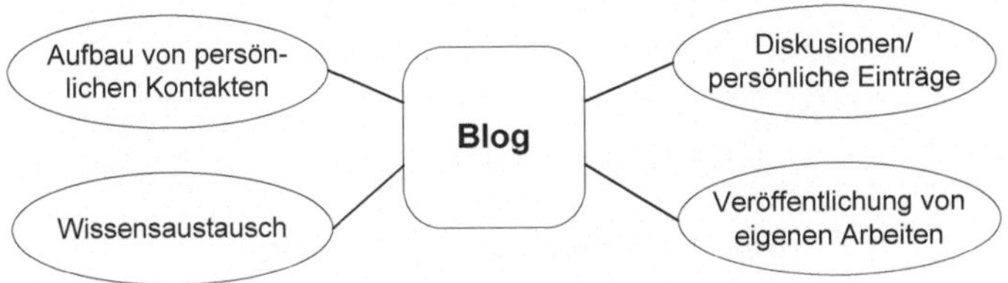

Abb. 2.3. Zweck eines Blogs

Neben dem Austausch oder der Veröffentlichung fachlicher Informationen bildet der soziale Aspekt eine wichtige Rolle. Das Web weist Anzeichen eines sozialen Netzwerks auf, indem die menschliche Kommunikation durch Interaktion und Zusammenarbeit gefördert wird. Nach einer Studie der überparteilichen Non-Profit-Organisation „Pew Internet & American Life Project“ hilft das Internet bei der Online-Sozialisierung. Anfragen werden sachlich beantwortet und der Benutzer findet Hilfe bei verschiedenen Entscheidungsfindungen. In der Studie geht hervor, dass für 45% der Internet-Nutzer in den letzten beiden Jahren die Methode des Bloggens eine entscheidende Hilfe bei mindestens einer Entscheidung war [o12]. Abbildung 2.4. zeigt einen Blog mit typischen Charakterzügen.

Neben den eigentlichen Blogeinträgen wird meist ein Kommentarbereich bereitgestellt (vgl. Abb.2.4). Dieses ist einer der Gründe für die Beliebtheit von Blogs. Hier können Besucher des Weblogs direkt zum Blogeintrag Stellung nehmen, indem der Blogeintrag diskutiert oder ergänzt wird.

Abb. 2.4. Aufbau eines typischen Blogs

Im Gegensatz zu herkömmlichen Homepages mit Gästebucheinträgen steckt hinter dem Blogkonzept eine Technik, welche die bidirektionale Kommunikation zwischen Webservern im Netz vorantreibt. Wird ein neuer Blogeintrag getätigt, welcher sich auf einen Beitrag eines anderen Blogs bezieht, so wird dies dem fremden Blogeintrag mitgeteilt. Dieser kann den neuen Eintrag als „rückwärtigen Link" [27] direkt anzeigen. Die Vorgehensweise wird Trackback [o40] genannt. Der technische Ablauf dieses Verfahrens ist mittels eines Signals, dem Ping, möglich. Die Blog-Software, die hinter jedem Blogeintrag agiert, „pingt" den fremden Blogeintrag, auf den Bezug genommen wird, an, und fordert diesen damit auf, einen Trackback-Eintrag und somit die Verbindung zu erstellen. Über den Trackback-Eintrag kann der Leser weitere Online-Journale zum selben Thema finden, die für weitere Anregungen oder Diskussionsbedarf sorgen und im besten Fall zu sozialen Kontakten führen. Für die weitere Publizierung der Blogeinträge sorgen Suchmaschinen, die sich auf solche Einträge spezialisiert haben und über alle Änderungen von Blogs in Kenntnis gesetzt werden.
Weitere grundlegende Funktionen von Blogs sind:

- Blogrolls: Erstellen einer Liste der favorisierten Seiten
- Permalinks: Direkter Aufruf von Blogeinträgen über die URI (Uniform Resource Identifier; eindeutige Webadresse) statt über die Webadresse
- RSS: Die Abkürzung RSS stand bis zur 0.9x-Version für „Rich Site Summary" und steht seit der Version 2.0 für „Really Simple Syndication". Um sich über Aktualisierungen und Neuigkeiten besuchter oder interessanter Blogs zu informieren, können mittels RSS Feed (Darstellung des RSS-Formats) die gewünschten Informationen beschafft und in einem Reader dargestellt werden. Die einzelnen Beiträge werden dabei untereinander, wie in einem Inhaltsverzeichnis

dargestellt [27]. Dadurch entfällt das aufwändige Ansteuern aller einzelnen Quellen. Eine Informationsüberflutung kann somit vermieden und genug Zeit beim Surfen gespart werden. Das in Abb. 2.5. hervorgehobene Icon stellt das aus dem Webbrowser Firefox stammende Symbol für RSS dar, welches so auch vom Internet Explorer 7 des Konkurrenten Microsoft angeboten wird, um diesen Dienst zu standardisieren.

Stößt man beim Surfen im Internet auf eine Seite, die diese Funktion anbietet, so kann die Seite in der Adressliste als ein dynamisches Lesezeichen hinzugefügt werden (vgl. Abb. 2.5).

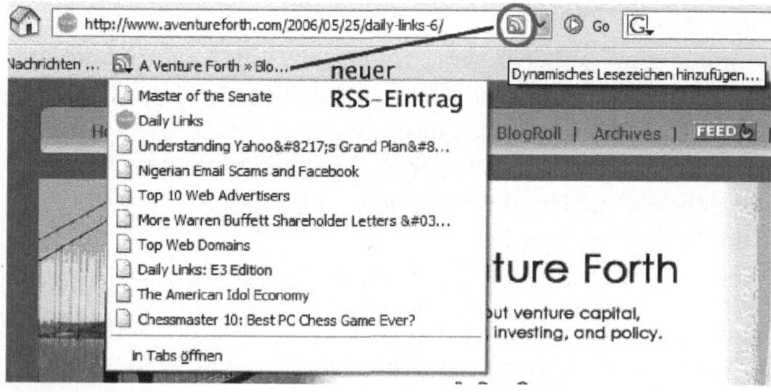

Abb. 2.5. RSS-Feed

3 AJAX-Grundkenntnisse

AJAX ist keine neu entwickelte Technologie, sondern vielmehr eine Kombination aus bereits lange bekannten Techniken (wie XHTML, CSS, DOM, XML, XMLHttpRequest und JavaScript), die geschickt miteinander kombiniert den dynamischen Austausch der Daten zwischen dem Webclient und dem Webserver ermöglichen, ohne lange Wartezeiten für den Webbenutzer entstehen zu lassen. Ein Breitband-Internet und immer schnellere Desktop-PCs, die beim Webbenutzer eingesetzt werden können, haben die technische Basis für AJAX geschaffen.

Das AJAX-Konzept ist eine clientseitige Webtechnik, die im Aussehen und im Verhalten Desktop-Anwendungen ähnelt und ohne zusätzliche Installation von Plug-Ins oder browserspezifischen Features im Webclient auskommt. Bei AJAX sollen sowohl die Vorteile von Web- als auch die von Desktop-Anwendungen genutzt werden. Web-Anwendungen bieten Services an, die in einer Desktop-Anwendung nicht vorstellbar sind.

Die globale Kommunikation ist eine Stärke des Internets, die es erlaubt, auf weitere Informationen anderer Quellen zuzugreifen. Dieser Vorteil der Web-Anwendungen gegenüber Desktop-Applikationen beinhaltet jedoch eine Schwäche, die mittels AJAX behoben werden soll. Um Zugriff auf die Daten im Internet zu erhalten, muss eine bestimmte Anfrage (request) getätigt werden, die durch eine vorausgegangene Benutzeraktion ausgelöst wird. Daraufhin wird eine Verbindung zum Server aufgebaut, der die Anfrage bearbeitet und dem Webbrowser eine entsprechende Antwort zurücksendet. Dieser Vorgang kann mit erheblichen Wartezeiten verbunden sein, welche durch AJAX verhindert werden.

Das Laufzeitverhalten einer AJAX-Anwendung soll dem einer Desktop-Applikation gleichkommen. Durch Nachahmung typischen Desktopverhaltens, wie z. B. eines Doppelklicks oder der gezielten Aktualisierung bestimmter Bereiche, soll der Eindruck einer Desktop-Anwendung im Web erzeugt werden.

3.1 Vergleich der klassischen und der AJAX-Vorgehensweise

Die bisherige Kommunikationsmethode zwischen Webclient und Webserver wird, um sie von der AJAX-Vorgehensweise unterscheiden zu können, im Folgenden als „klassische" Methode bezeichnet.

Bei der Aktualisierung bestimmter Daten einer Webseite wird bei der klassischen Methode das Webdokument komplett neu geladen und aufgebaut, obwohl es häufig nur einer Aktualisierung eines Teilbereichs der Webseite bedarf. Die restlichen Informationen, die ihren alten Status beibehalten, sind von der Aktualisierung nicht betroffen und werden unnötigerweise mittransportiert. Diese Kommunikationsmethode zwischen Browser und Server bringt Verzögerungen mit sich. Bei AJAX werden aufgrund einer Benutzeraktion angeforderte Daten direkt zur Verfügung gestellt, ohne dass der Arbeitsablauf durch unnötige Wartezeiten gestört wird.

3.1.1 Klassische Vorgehensweise

Die klassische Kommunikation zwischen Webserver und einem Browser wird über die beiden Objekte request (Anfrage) und response (Antwort) und deren Methoden und Eigenschaften geregelt, welche für den Datenaustausch relevant sind [18].

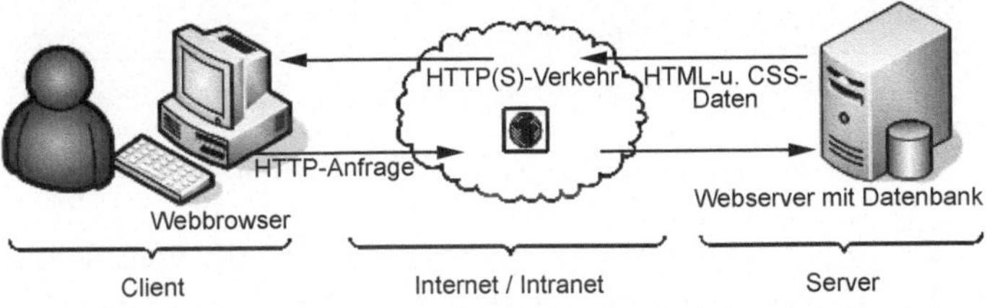

Abb. 3.1. Klassische Kommunikationsmethode (nach [o16])

Abbildung 3.1. zeigt den Kommunikationsverlauf zwischen Webclient (Browser) und Webserver. Der Ablauf der Datenübertragung beginnt auf der Clientseite. Der Benutzer führt auf einer grafischen Benutzeroberfläche (GUI) des Webbrowsers Interaktionen aus, die eine Anfrage an den Server auslösen. Über ein festgelegtes Protokoll können Webclient und Webserver als Quelle und Senke miteinander kommunizieren. Beim World Wide Web ist das HTTP-Protokoll für die Kommunikation zuständig (vgl. Kapitel 2.6). Der Webserver erhält die Anforderung und überprüft zunächst, ob der Webbrowser berechtigt ist, Daten des Servers anzufordern. Ist das der Fall, so werden die gewünschten Daten gesammelt und an den Webrowser zurückgesandt (response). Je nach Datentyp können die Dokumente spezielle Formatierungsvorschriften, so genannte Tags, enthalten. Der Browser empfängt die Daten und formatiert sie entsprechend den Tag-Anweisungen, um sie darzustellen [20]. Dieser Vorgang beinhaltet, dass die komplette

Seite neu geladen werden muss. Je nach Größe der geforderten Daten kann dieser sehr zeitintensiv ausfallen (vgl. Abb. 3.2.).

Abb. 3.2. Aktualisierung der GUI (klassisch) (nach [o48])

Das beschriebene Vorgehen dieser Kommunikationsmethode ist für Web-Anwendungen typisch. Anhand eines einfachen Beispiels soll die Vorgehensweise der klassischen Methode näher veranschaulicht werden, um sie von AJAX abzugrenzen.

Ein Kunde möchte in einem Online-Shop ein Produkt erwerben und gibt zur Registrierung seine Benutzerdaten ein. Für die beiden einzugebenden Werte „Postleitzahl“ und „Stadt“ wird jeweils ein Textfeld zur Verfügung gestellt (vgl. Abb. 3.3.).

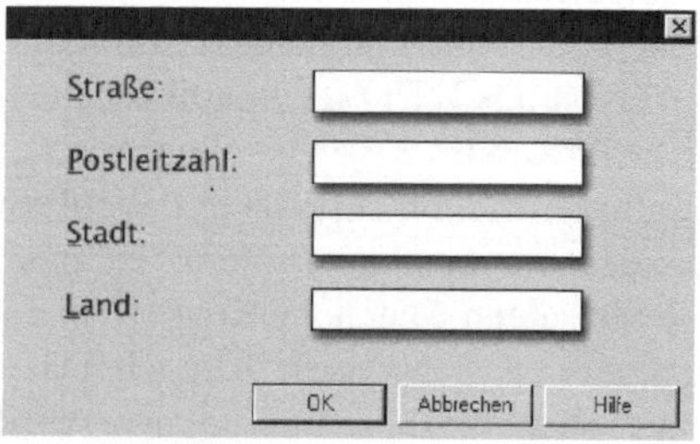

Abb. 3.3. Eingabemaske

Um zu überprüfen, ob die eingetragene Postleitzahl zur Stadt passt, sind in der klassischen Webentwicklung folgende Ansätze möglich:

- Serverseitiger Ansatz: Nachdem der Benutzer alle Daten im Formular eingegeben hat, werden diese bei Betätigung des OK-Buttons an den Server gesendet. Die eingegebenen Daten werden serverseitig überprüft und an den Browser zurückgeschickt, der die Ansicht des Formulars aktualisiert. Dabei werden auch die Daten mitgeliefert, welche für die Überprüfung der richtigen Stadt irrelevant sind und eigentlich keiner Änderung bedürfen. Die Folge bei einem zu hohen Datenbestand wären weitere Verzögerungen durch längere Wartezeiten.
- Clientseitiger Ansatz: Durch zusätzliche Programme, wie ActiveX-Controls oder Java-Applets, die im Browser implementiert werden, soll der Komfort und die Geschwindigkeit bei der Ausführung von Anwendungen verbessert werden. Dabei können die Daten vom Server, beispielsweise mittels JavaScript, in den Client vorgeladen werden. In dem oben genannten Beispiel würde dies bedeuten, dass die Kommunikation mit dem Server vor der Benutzereingabe stattfindet. Der Webclient stellt eine Anfrage (request) an den Server, um alle Städtenamen mit den entsprechenden Postleitzahlen bereithalten zu können. Da vorher nicht ersichtlich ist, welche Postleitzahl vom Benutzer eingegeben wird, muss die komplette Liste aller Städtenamen geladen werden. Nach der Eingabe der Postleitzahl wird aus der bereitgestellten Liste aller Städte die entsprechend richtige Stadt ausgewählt und direkt angezeigt. Das erneute Senden der kompletten Seite wie bei der serverseitigen Programmierung entfällt. Dadurch werden zum Zeitpunkt der Benutzereingabe Wartezeiten vermieden. Diese entstehen jedoch beim initialen Laden der Seite. Um auf jede Benutzerangabe

schnell reagieren zu können, müssen die Städtenamen vorgeladen werden, was beim Beginn der Sitzung zu Verzögerungen führen kann. Bei zu großen Datenmengen wäre der Ansatz ineffizient, da die Ladezeiten zu hoch wären. Für das oben genannte kleine Beispiel bildet die clientseitige Programmierung ein geeignetes Werkzeug. Jedoch ist dieser Ansatz in der Praxis nicht immer geeignet. Meist ist eine Kommunikation mit dem Server zwingend erforderlich. Ein Beispiel dafür bildet die Anmeldung. Hierbei müssen der eingegebene Benutzername und das Passwort unbedingt auf dem Server überprüft werden. Alles andere wäre ein zu hohes Sicherheitsrisiko. Eine Liste von Passwörtern in den Browser zu laden wäre unverantwortlich.
Ein weiterer Nachteil beim Einsatz der clientseitigen Programmierung ist die Notwendigkeit des Ladens von Programmen. Wenn beispielsweise ActiveX oder Java nicht installiert wurden, wäre der komplette Ansatz unbrauchbar. Zwar werden in solch einem Fall meist Quellen zum Herunterladen der notwendigen Techniken angeboten, jedoch verzichten viele Benutzer aus Sicherheitsgründen auf die Installation.

Beide Ansätze zeigen, dass klassische Browser-Anwenungen ihren Zweck erfüllen, jedoch durch das HTTP-Protokoll in ihrer Interaktivität eingeschränkt sind [22]. Die Folge davon können erhebliche Wartezeiten sein.

Bei AJAX hingegen wird ein anderer Kommunikationsansatz verwendet, mit dem es möglich ist, Web-Anwendungen schneller und flexibler zu gestalten.

3.1.2 AJAX-Vorgehensweise

Alternativ zu den oben beschriebenen Ansätzen verwendet AJAX eine Methode, die ebenfalls komplexe Anwendungen direkt über einen URL zur Verfügung stellt [23], jedoch, im Gegensatz zur „klassischen" Vorgehensweise, die Wartezeiten bei der Kommunikation zwischen Webserver und -client reduziert (vgl. Abb 3.4.).

Abb. 3.4. Aktualisierung der GUI (nach [o48])

Auf das oben genannte Beispiel bezogen wird die eingegebene Postleitzahl direkt zum Server gesendet, ohne dass der Benutzer dieses realisiert. Der Server verarbeitet die Anforderung und schickt den dazugehörigen Wert an den Webbrowser zurück. Währenddessen kann der Benutzer weiterarbeiten und die restlichen Daten eingeben. Bestenfalls wird der entsprechende Wert, in diesem Fall die Stadt, nach der Postleitzahleingabe direkt angezeigt. Sollte die Serverantwort gesendet werden, nachdem der Benutzer die Stadt selbst eingegeben hat, so wird diese Eingabe mit dem vom Server zurückgelieferten Wert verglichen. Eine Meldung kann sofort auf Unstimmigkeiten hinweisen. Im Gegensatz zur klassischen Anwendung wird nicht die gesamte Seite aktualisiert, sondern nur der betroffene Teil, da die Anfrage des Clients sich nur auf diesen Teil der Seite bezog.

Verantwortlich für die rasche und interaktive Vorgehensweise ist ein JavaScript-Objekt, das den Kern aller AJAX-Anwendungen darstellt. Das clientseitige Objekt mit der Bezeichnung XMLHttpRequest dient als Vermittler zwischen dem Webclient und dem Webbrowser. Diese Schicht wird auch als AJAX-Engine bezeichnet [07]. Mittels des XMLHttpRequest-Objektes kann das für die klassische Methode typische Verhalten, was Garrett als „start-stop-start-stop nature of interaction“ [o16] bezeichnet, verhindert werden.

Im weiteren Verlauf dieses Kapitels wird die Vorgehensweise bei AJAX beschrieben. Weitere Details zum XMLHttpRequest-Objekt und zum asynchronen Ablauf der Datenübertragung werden im Kap. 4.3.2 näher beschrieben.

3.1.3 AJAX-Kommunikation

Im letzten Abschnitt könnte der Eindruck erweckt worden sein, dass sich das Hinzufügen einer weiteren Kommunikationsschicht hemmend auf den Ablauf auswirken müsste. Tatsächlich ist jedoch das Einfügen der AJAX-Engine gerade dafür verantwortlich, dass die Kommunikation zwischen Client und Server schneller durchgeführt werden kann (vgl. Abb. 3.5.) [o16].

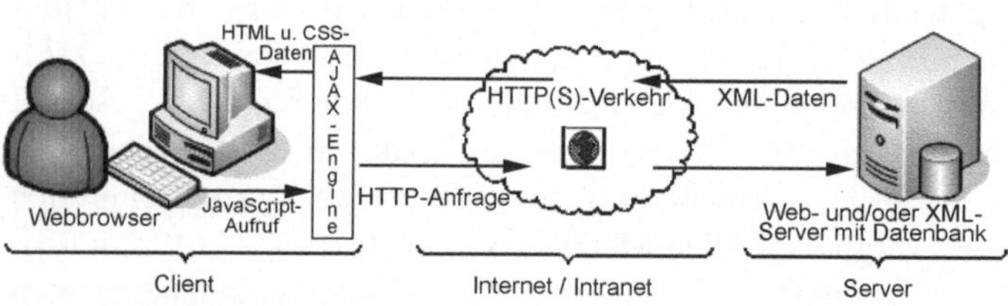

Abb. 3.5. Kommunikation bei AJAX (nach [o16])

Wann immer eine Anfrage über den „HTTP-Request“ an den Server anfällt, wird zunächst die AJAX-Engine kontaktiert. Dieses Objekt, welches zwischen Browser und Webserver geschaltet wird, wird durch JavaScript realisiert, wodurch ermöglicht wird, Ereignisse zu überprüfen, die durch eine Benutzeraktion ausgelöst werden, wie z. B. das Betätigen einer Taste oder den Mausklick.

Bei Anfragen, die nicht zwingend die Kommunikation mit dem Webserver erfordern, wird die Antwort selbst in der AJAX-Engine aufbereitet und direkt dem Webbrowser zugesandt. Dieses ist z. B. bei einer einfachen Gültigkeitsüberprüfung der Fall.

Ist eine Kommunikation mit dem Webserver tatsächlich notwendig, so wird über das XMLHttpRequest-Objekt eine asynchrone Anfrage an den Webserver gesendet. Der Webserver bearbeitet die Anfrage und bereitet die Antwort in einem für die AJAX-Engine verständlichen Format vor. Das JavaScript Objekt, aus dem die AJAX-Engine besteht, empfängt die Daten des Servers und analysiert diese syntaktisch, um sie in dem bestehenden Dokument nachzuladen. Dieser Prozess wird als „Parsen" bezeichnet und findet im Hintergrund ohne Wissen des Benutzers statt.

Entgegen der klassischen Vorgehensweise werden nur Teile eines Webdokumentes ausgetauscht, was zu einer schnellen und flexiblen Methode der Datenaktualisierung führt [39]. Längere Wartezeiten, wie sie im klassischen Ansatz bei der Datenkommunikation zwischen Browser und Server entstehen, können reduziert und bestenfalls komplett verhindert werden.

3.2 Begriffsdiskussion

Der von Jesse James Garrett geprägte Begriff AJAX wurde in der Webcommunity nicht ohne Widerspruch aufgenommen. Kritiker behaupten, dass es unaufrichtig sei, eine bereits bestehende Technologie unter einem neuen Namen zu vermarkten. Doch die rasante Verbreitung der neuen Bezeichnung konnten auch sie letztendlich nicht unterbinden.

Der neu geschaffene Begriff brachte die Erleichterung mit sich, über die imponierende Technologie zu diskutieren, „ohne Wortungetüme wie „Remote Scripting mit JavaScript+CSS+ DOM" bemühen zu müssen [o29].

Die Abkürzung AJAX steht für **A**sychronous **J**avaScript **A**nd **X**ML und ist ein Zusammenschluss aus mehreren Technologien, die nach Garrett im Wesentlichen folgendermaßen aufgelistet werden können [o16]:

- XHTML und CSS
- Document Object Model (DOM)
- XML, XSLT
- XMLHttpRequest
- JavaScript

Diese Technologien sind für AJAX-Lösungen nützlich, allerdings nicht zwingend notwendig. In Tabelle 3.1 wird die Notwendigkeit der einzelnen Technologien dargestellt.

Die Bezeichnung AJAX wurde von der Webcommunity aufgenommen, ohne den Sinn zu hinterfragen. Zwar ist AJAX ein schönes und interessantes Akronym, jedoch misslingt der Versuch, die Technik, die hinter dem Konzept AJAX steckt, in einem Wort zu beschreiben. Eine Abkürzung, welche notwendige statt optionale Technologien beinhalten würde, wäre hier eher angebracht gewesen.

Zur Erläuterung werden nun die Begriffe (A)synchronous, (J)avaScript und (X)ML untersucht und deren Bedeutung näher beschrieben. Detaillierte Informationen zu den einzelnen Technologien folgen in Kap. 4.

Tabelle 3.1. Techniken von AJAX

Bezeichnung	Beschreibung	Notwendig?
HTML/XHTML	Darstellung der Informationen	Ja
CSS	Beeinflusst das Aussehen einer Webseite	Nein
XML	Datenaustauschformat	Nein
XSLT	Wandelt XML in HTML um	Nein
XMLHttpRequest	Asynchroner Nachrichtenvermittler	Ja
Document Object Model (DOM)	Bindeglied zwischen der Skriptsprache und HTML-Elementen einer Webseite	Ja
JavaScript	Skriptsprache, die alle Komponenten miteinander verbindet	Ja

(**A**)synchronous: Die asynchrone Datenübermittlung bildet den Grundstein für flexible und interaktive Anwendungen. Die Aktualisierung des Webdokumentes bzw. dessen Teilbereiche können ohne große Wartezeiten erfolgen, was zu einer erheblichen Verbesserung der Ansprechbarkeit und Interaktivität der Webseiten führt. Doch muss die Kommunikation bei AJAX nicht zwingend asynchron stattfinden. Eine Anfrage (request) an den Server kann auch synchron getätigt werden. Beide Techniken erlauben es, nur den relevanten Teil der Webseite zu aktualisieren, ohne die Seite erneut vollständig zu laden. Der Unterschied zwischen synchroner und asynchroner Anfrage liegt bei der Verarbeitung. Bei der synchronen Kommunikation muss der Benutzer auf die Serverantwort warten, bevor er eine weitere Aktion ausüben kann. Bis der Webclient die angeforderten Daten erhält, wird der weitere Programmablauf unterbrochen, was je nach Datenübertragung zu längeren Verzögerungszeiten und zu Abbrüchen seitens des Benutzers führen kann (vgl. Abb. 3.6.) [07].

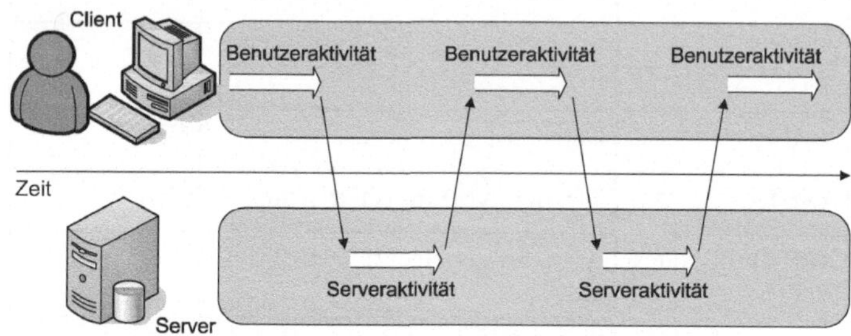

Abb. 3.6. Synchroner Vorgang (nach [o16])

Im Gegensatz dazu ist bei der asynchronen Verarbeitung die weitere Bearbeitung, unabhängig vom Eintreffen der Serverantwort, möglich. Zusätzlich kann parallel zum Senden und Empfangen der Anfrage bzw. der Daten der Status der Anfrage und der Status der Serverantwort abgefragt werden. Diese Kommunikationsmethode bildet die Stärke von AJAX-Anwendungen (vgl. Abb. 3.7.).

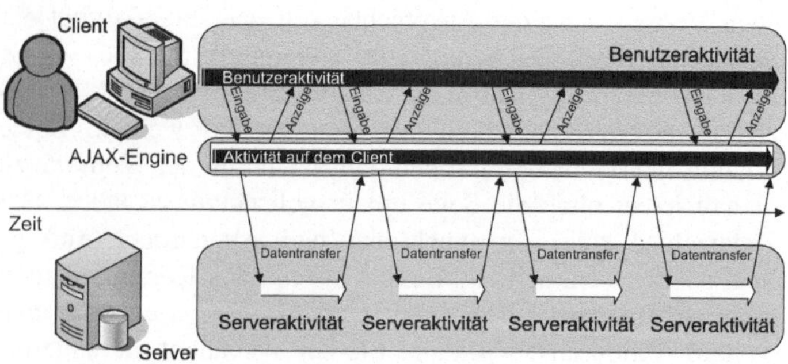

Abb. 3.7. Asynchroner Vorgang (nach [o16])

Die Kommunikation zwischen Browser und Server ist bei der asynchronen Vorgehensweise nicht nur auf Ereignisse beschränkt, die der Benutzer durch eine Interaktion auslöst. Das XMLHttpRequest-Objekt enthält JavaScript-Quelltext, der im Hintergrund läuft und sich in regelmäßigen Abständen (asynchron) davon überzeugt, dass die Kommunikation mit dem Server erhalten bleibt.

Festzuhalten ist, dass AJAX sowohl die synchrone als auch die asynchrone Vorgehensweise unterstützt, jedoch eine asynchrone Arbeitsweise zu bevorzugen und die synchrone Methode zu vermeiden wäre. Das „A" steht für Asynchron und wurde zu Recht als Teilobjekt im Akronym AJAX gewählt.

(**J**)avaScript: Der nächste Buchstabe im Akronym, das „J", steht für JavaScript. Diese clientseitige Skriptsprache stellt den Kern von AJAX dar. JavaScript wird für die Ausführung von AJAX-Applikationen benötigt und verschiebt die Funktionalität vom Server auf den Client [34]. Alle verwendeten Komponenten werden mittels JavaScript verbunden. Über das XMLHttpRequest-Objekt leitet JavaScript die asynchrone Kommunikation zwischen Client und Server. Ferner kann das Document Object Model (DOM) benutzt werden, um auf einzelne Elemente einer Seite zuzugreifen und diese aktualisieren zu können. Die Notwendigkeit der Komponente JavaScript beim AJAX-Konzept rechtfertigt die Verwendung des Buchstabens „J" in der Abkürzung.

(**X**)ML: Zuletzt bleibt im Akronym das „X" (XML), welches noch zu hinterfragen wäre. Der dritte Buchstabe der Abkürzung, das „A", kann getrost übersehen werden da es nur für das Bindewort „And" steht. Die Erwähnung von XML (eXtensible Markup Language) in der Abkürzung ist nicht nachvollziehbar, da die Verwendung dieser Sprache für AJAX-Anwendungen nicht zwingend erforderlich ist. Das Internet ist mittlerweile voll von AJAX-Anwendungen, die kein XML verwenden. Auch die im Garrett-Artikel als Beispiel herangezogenen Google-Anwendungen verwenden kein XML. Stattdessen kann genauso gut JSON (JavaScript Object Notation) verwendet werden. Möglich wäre auch die Benutzung von HTML-Fragmenten oder simplem Klartext.

Mit der Verwendung von XML oder JSON können die meisten Anwendungsmöglichkeiten besser und einfacher gestaltet werden. JSON kann dabei Datenstrukturen kompakter darstellen und führt in vielen Fällen zu einfacheren Lösungen, so dass einige Webentwickler zugunsten von JSON auf XML verzichten. So schreibt Stefan Minert, Webentwickler und Mitarbeiter von heise online, in einem Artikel, der November 2005 veröffentlicht wurde, über die Vorzüge von JSON gegenüber XML. Im Gegensatz zu XML heißt es, vermeidet JSON „konsequent die vielen, zur reinen Übergabe von Datenobjekten nicht benötigten Features von XML, die dessen Spezifikation auf mehr als 50 Seiten aufblähen“ [o32].

Das „x“ in der Abkürzung AJAX ist also nicht geschickt gewählt, da die Verwendung von XML optional ist.

Was Garrett in seinem Essay nicht erwähnt hat, ist dass auf der Serverseite eine beliebige Sprache verwendet werden kann (z. B. PHP, J2EE, Java Servlets, .Net, CGI, Ruby). AJAX stellt hier keine speziellen Anforderungen. Das einzige Kriterium, welches aus Sicht der Serversprache zu erfüllen wäre, ist die Art der Datenaufbereitung. Die Serverantwort muss in einem Datenformat an den Client gesendet werden, welches, über die AJAX-Engine geleitet, für den Webbrowser interpretierbar ist.

Zusammenfassend lässt sich sagen, dass das Akronym nur teilweise geschickt gewählt wurde. Die Wahl der ersten beiden Buchstaben in der Abkürzung („A“ und „J“) ist gelungen, da die Technologien, die dahinter stehen, für die AJAX-Methode unverzichtbar sind. Jedoch ist der weitere Teil des Akronyms ungünstig formuliert. Das „A“ und „X“ hätten adäquater gewählt werden können. So gesehen würde von der Verwertbarkeit des neuen wohlklingenden Schlagwortes AJAX die Hälfte wegfallen.

Bei der sinngemäßen Überprüfung des Begriffs wurden die einzelnen Technologien kurz aufgelistet. Im nächsten Abschnitt wird hinterfragt, ob bei der AJAX-Methode nur diese „alten" Technologien aufgerollt werden, oder ob sich hinter dem AJAX-Konzept eine neuartige Technologie verbirgt.

3.3 Gründe für die Einführung von AJAX

Wie bereits beschrieben, basiert das AJAX-Konzept auf schon länger bekannten Technologien. Neben dem neu gestalteten Begriff ist die Art und Weise neuartig, wie diese Technologien miteinander kombiniert und verwendet werden.

Die Frage, die sich hierbei stellt, bezieht sich auf den Einführungszeitpunkt von AJAX. Warum herrscht gerade jetzt solcher Wirbel um AJAX, und wieso hat sich diese schnelle Kommunikationsart nicht schon vorher durchgesetzt? Dafür gibt es einige Gründe, die nun näher erläutert werden:

Das XMLHttpRequest-Objekt bildet den Grundstein für den technischen Ablauf von AJAX. Dieses Objekt wurde schon 1999 von Microsoft in den beiden Produkten Microsoft Exchange Server und Microsoft Internet Explorer eingeführt. Nur wenige Benutzer verwendeten zu der damaligen Zeit den Internet Explorer 5.0 von Microsoft, der als erster Browser die asynchrone Kommunikationstechnik als ActiveX-Komponente integrierte.

Das Unternehmen Netscape war von 1995 bis Mitte 1998 absoluter Marktführer im Browsergeschäft und hatte im Juni 1996 mit dem Netscape Navigator 38 Millionen Abnehmer [o30]. Im Browser war jedoch keine Unterstützung der asynchronen Technik eingebunden, so dass dem größten Teil der

Nutzer diese Technik unbekannt blieb. Nach einem unerbittlichen Kampf zwischen Netscape und Microsoft, der als „Browserkrieg“ bekannt wurde, übernahm Microsoft den Browsermarkt und verfügt seitdem über ein Quasi-Monopol auf dem Gebiet [13].

Trotz der Verfügbarkeit des XMLHttpRequest-Objektes im Internet Explorer konnte sich die asynchrone Kommunikation nicht durchsetzen. Gründe dafür sind bei den technischen Defiziten der damaligen Webbrowser zu finden, die eine erfolgreiche Anwendung der Technik nicht ermöglichten. Nur wenige Webseiten verwendeten diese Technik, auch wenn sie den meisten Webentwicklern bekannt waren [o22].

Zusätzlich traten erste gravierende Sicherheitslücken in den Browsern auf. Über das XMLHttpRequest-Objekt konnte ein Angreifer neben den Remote-Daten auch auf Daten der lokalen Festplatte zugreifen. Dieses Problem trat Ende 2001 im Browser Microsoft Internet Explorer 6.0 auf. Mittels der ActiveX-Komponente XMLHTTP konnten böswillige Webbenutzer „beliebige Dateien auf dem lokalen System einsehen und beispielsweise an einen Webserver übermitteln“ [o38]. Die ActiveX-Komponente, welche die Schwachstelle bei diesem Prozess darstellt, ist eine Komponente des Microsoft XML Core Services (MSXML). Es wurde in dem Betriebssystem Windows XP, dem Browser Internet Explorer 6.0 und dem relationalen Datenbankmanagementsystem Microsoft SQL 2000 Server eingebaut. Dasselbe Problem trat bei den Browsern der Netscape-Gruppe zu Beginn des Jahres 2002 auf. Unter Verwendung der „Open-Methode“ konnte über eine Weiterleitung auf die Daten des Clients zugegriffen werden. Die Mozilla-Versionen ab 0.9.4 sowie die Netscape-Version ab 6.1 sind davon betroffen [o21]. In den darauf folgenden Versionen wurden diese Probleme aber behoben.

Mittlerweile wird das XMLHttpRequest-Objekt von allen anderen wichtigen Browserherstellern anerkannt und in den jeweiligen eigenen Browsern integriert [o52]. Das World Wide Web Konsortium (W3C) ist von diesem Objekt überzeugt und hat es als offiziellen Standard vorgeschlagen [o45].

Ein weiter Hinderungsgrund für die frühere Einführung von AJAX bildet ActiveX. Diese Programmschnittstelle wurde von Microsoft entwickelt und wird neben anderen Anwendungsentwicklungen aus dem Hause Microsoft auch im Internet Explorer benutzt. Alle anderen Browser verzichten auf diese Komponente. Das ActiveX-Control bildet im Internet Explorer die Basis vom XMLHttp-Objekt und wird daher bei der Durchführung von AJAX-Anwendungen benötigt.

Mittels ActiveX können ausführbare Inhalte eines Webdokumentes entwickelt und multimediale Effekte dargestellt werden. Die Komponente bildet eine Erweiterung des Component Object Model (COM) und ist, wie Java-Applets, direkt in die Webseite integriert. Beim Vergleich beider Techniken stellt man einen Geschwindigkeitsunterschied beim Ablauf von Programmen fest. ActiveX-Controls liegen im Binärcode vor und sind gegenüber Java-Applets, die in Bytecode geschrieben werden, schneller ausführbar [17]. Jedoch birgt die Aktivierung der ActiveX-Steuerelemente im Internet Explorer ein zu hohes Sicherheitsrisiko.

Daten, die sich lokal auf der Festplatte befinden, könnten mittels des Objektes eingesehen und gelöscht werden. Zusätzlich kann ein Angreifer sich über ActiveX Zugriff auf Windows- und Systemdaten verschaffen, da ActiveX frei von Zugriffsbeschränkungen ist [o41].

Diese Sicherheitsrisiken führten dazu, dass manche Webentwickler die Empfehlung herausgaben, ActiveX im Microsoft Internet Explorer zu deaktivieren. Die Ausführung für AJAX-Anwendungen im Internet Explorer wurde somit unmöglich, da ActiveX bei AJAX zwingend erforderlich ist. Dieses Problem ist mit der Einführung des Internet Explorer 7 behoben worden. Die Verwendung von AJAX ist dabei erstmals in einem Microsoft Internet Explorer auch bei Deaktivierung von ActiveX möglich. Der Internet Explorer folgt damit dem Beispiel aller anderen Browser, die das XMLHttpRequest-Objekt direkt integriert haben.

JavaScript hat sich als clientseitige Skriptsprache etabliert und bildet den Kern einer AJAX-Anwendung. Im Verhältnis zu anderen Websprachen ist JavaScript relativ langsam. In der Vergangenheit wäre dieser Nachteil, der bis heute noch Bestand hat, für die Ausführung von AJAX-Applikationen nicht förderlich gewesen, da diese von der schnellen Kommunikation mit dem Webserver leben. Heutzutage ist die Hardware soweit technisch ausgereift, dass sie das Defizit von JavaScript neutralisiert. Durch die Performancesteigerung der Hardware können die hochinteraktiven AJAX-Anwendungen fließend ausgeführt werden.

Weiterhin erschwerend für die Nutzung von AJAX kam die geringe Bandbreite der vorhandenen Internetleitungen hinzu. Die Geschwindigkeit eines Modems (28.8 Kbps oder 56 Kbps) oder die von ISDN (64 Kbps) ist für die Ausführung einer asynchronen Anwendung zu langsam. Mittlerweile hat sich DSL (Digital Subscriber Line) als Standard etabliert. Die Geschwindigkeit des Datentransfers beim Breitbandanschluss DSL ist relativ hoch und für das AJAX-Verfahren ausreichend.

Das Nachladen von Daten wird mittels Dynamic HTML (DHTML) ermöglicht. DHTML bildet, wie XHTML, keine Erweiterung von HTML, sondern kombiniert die HTML-Spezifikation mit den Techniken Cascading Style Sheets (CSS), Document Object Model (DOM) und einer clientseitigen Skriptsprache, wie z. B. JavaScript, JScript oder VBScript [38]. DHTML ermöglicht „Elemente der Web-Seite während der Anzeige dynamisch zu ändern“ [25].

Die aus dem Browserkrieg resultierenden unterschiedlichen Auslegungen des DHTML-Konzeptes und die zu geringe Berücksichtigung dieser HTML-Erweiterung in den Webbrowsern machten die Einführung einer Technologie ähnlich der von AJAX kaum möglich. Mittlerweile haben sich die unterschiedlichen Konzepte durch die Vormachtstellung von Microsoft auf dem Webbrowsermarkt angenähert, so dass alle Browser das gleiche DHTML-Modell (DOM) unterstützen.

Den Hauptgrund der aktuellen Popularität für AJAX bildet der Vormarsch großer Unternehmen wie Google, Yahoo! oder auch Microsoft, die die asynchrone Technik für sich entdeckt haben und diese in ihren Anwendungen einsetzen. Die erstellten Webseiten übernehmen eine Vorreiterrolle und bringen Benutzern und Entwicklern die Erkenntnis, was überhaupt mit der AJAX-Technologie möglich ist. Durch den veröffentlichten Artikel von Garrett wurde die Publizität zusätzlich enorm gesteigert und das Interesse einer breiten Öffentlichkeit geweckt.

Die Weiterentwicklung des Internets wird von drei Gesetzen bestimmt, die dem AJAX-Konzept entgegenkommen und als Faktoren für dessen Einführung geltend gemacht werden:

- Gilder'sches Gesetz: Diese These wurde vom Unternehmer und Wissenschaftler George Gilder aufgestellt und besagt, dass sich die zur Verfügung stehende Internetbandbreite in einem Jahr verdreifacht [o09].
- Moore'sches Gesetz: Im Jahr 1965 hat Gordon Moore die These aufstellt, dass sich die Integrationsdichte eines Computerchips alle 18 Monate durch den technischen Fortschritt verdoppelt [o23]. Obwohl das Gesetz sehr früh aufgestellt wurde, hat es bis heute seine Gültigkeit behalten und wird nach heutiger Erkenntnis schon jetzt mindestens bis zum Jahr 2015 gültig sein [o39].
- Metcalfe'sches Gesetz: Bob Metcalfe, der Erfinder des Ethernets, hat in diesem Gesetz die Gleichung aufgestellt, dass der Nutzen eines Kommunikationssystems sich „proportional zum Quadrat der Anzahl ihrer Abonnenten“ [o01] entwickelt.

Zwar sind diese Gesetze nicht neu und können auf die frühere Internetgeschichte übertragen werden, jedoch sind sie erst in der heutigen Zeit für die Anwendung von AJAX von Bedeutung. Durch die potenzielle Leistungsteigerung der Hardware und die Erhöhung der Bandbreite, die in den Gesetzen angesprochen werden, wurde die Performance enorm verbessert, was die flüssige Anwendung, die im günstigsten Fall ohne Wartezeiten durchführbar ist, von AJAX erst ermöglicht.

4 AJAX-Technologien

In diesem Kapitel werden die Technologien, aus denen AJAX zusammen gesetzt ist, näher erläutert. Neben HTML, das allgemein als die Ursprache des Internets gilt, werden die dazugehörige „Zusatzsprache" CSS sowie JavaScript und XML beschrieben. Jede dieser Technologien übernimmt eine bestimmte Aufgabe, so dass eine Architektur aufgebaut werden kann, in der die Informationen, das Layout und die Funktionalität sauber voneinander getrennt sind.

4.1 (X)HTML

Die Auszeichnungssprache HTML (Hypertext Markup Language) hat sich als Standardsprache für das World Wide Web etabliert. Gründe dafür sind in der Einfachheit dieser Sprache zu finden. Mit geringem Aufwand und einer kleinen Menge von so genannten Tags können grafische oder textuelle Elemente im Webbrowser dargestellt werden. Daher sind Grundkenntnisse von HTML zum Erzeugen von AJAX-Anwendungen unabdingbar.

HTML stammt von SGML (Standardized Generalized Markup Language) ab (siehe Abb. 4.1.). SGML ist eine Metasprache und kann als solche unterschiedliche Auszeichnungssprachen definieren. Die Metasprache ist in der ISO-Norm 8779:1986 [o25] festgeschrieben und entstammt der GML

(General Markup Language). Die Aufgabe von SGML besteht darin, die Möglichkeit zu schaffen, Dokumente auf allen Betriebssystemen zu vertreiben und als Ausgangsbasis für Auszeichnungselemente zu dienen.

Das Erstellen von Dokumenten mit SGML hat sich aufgrund der Komplexität dieser Metasprache nicht etablieren können. Eine effektive Nutzung von SGML ist meist nur mit teuren Tools möglich, was für manche Webentwickler Grund genug ist, auf den Einsatz dieser Metasprache gänzlich zu verzichten. Stattdessen werden zum Entwerfen von Webseiten Auszeichnungssprachen gewählt. HTML ist der wohl bekannteste Vertreter von SGML und verwendet viele der angebotenen SGML-Standards.

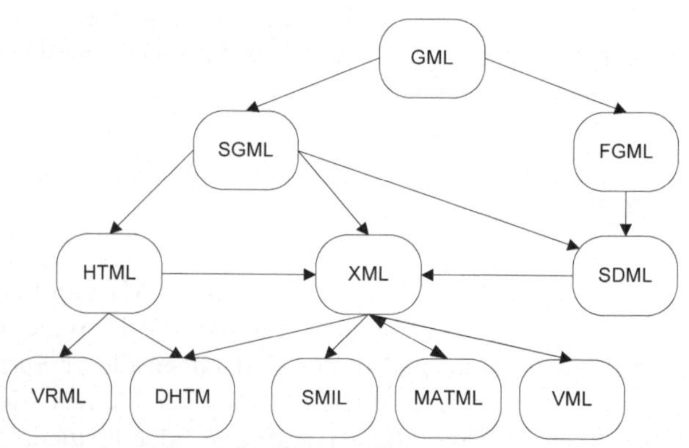

Abb. 4.1. Hierarchie der Meta- und Auszeichnungssprachen

HTML ist keine eigenständige Programmiersprache, da ihr zu diesem Status die mathematische Arithmetik und Elemente wie Variablen oder Schleifen fehlen. Die Auszeichnungssprache bedient sich der Querverweise, der so genannten Hyperlinks, die per Mausklick einen weiteren Inhalt anderer Webdokumente öffnen und darstellen. Zudem beschreibt HTML die logische Struktur eines Dokumentes und definiert die Syntax von Anweisungen, welche die Darstellung des Inhaltes beeinflussen. Neben Grafiken, Tabellen und Texten können einzelne Elemente, wie Überschriften, Absätze oder Kapitel definiert werden. Veränderungen des Layouts können ebenfalls mit HTML durchgeführt werden. So ist beispielsweise die Verwendung von Mehrspaltentext oder Zeilenumbrüche zur Formatierung eines Webdokumentes möglich. Auf solch einen Schritt sollte jedoch verzichtet werden, da verschiedene Webbrowser das Layout unterschiedlich interpretieren und darstellen. Der Inhalt und das Layout sollten daher strikt voneinander getrennt werden. Änderungen bei der Gestaltung können dann mit der Zusatzsprache CSS beschrieben werden.

HTML besteht aus reinem Text bzw. einem ASCII-Code und ist daher plattformunabhängig. Die aktuelle Version HTML 4.01 stammt aus dem Jahre 1999 und bildet die letzte veränderte HTML-Ausführung. Seitdem wurde an XHTML (Extensible Hypertext Markup Language), eine Neudarstellung von HTML, kontinuierlich weitergearbeitet. XHTML verwendet die Befehle von HTML und kombiniert diese mit der Syntax von XML (eXtensible Markup Language). Die nachfolgenden Punkte beschreiben die wichtigsten Unterschiede zwischen HTML und XHTML [06]:

- Bei XHTML muss eine DOCTYPE-Deklaration vorhanden sein. Da XHTML nicht der Metasprache SGML sondern XML angehört, ist es notwendig, diese in einem Tag mitzuteilen. Zusätzlich werden Informationen zur verwendeten Zeichencodierung angegeben. Dies geschieht vor der DOCTYPE-Deklaration:

```
<?xml version ="1.0" encoding="iso-8859-1"?>
<!DOCTYPE HTML PUBLIC "-//W3C// XHTML 1.0
                          Transitional//EN"
```

```
"http://www.w3.org/TR/xhtml1/DTD/xhtml1-
                                 transitional.dtd">
```

Mit der DOCTYPE-Deklaration wird die Sprachversion des Dokumentes mitgeteilt und festgelegt, welche Standards die Webseite anwendet beziehungsweise nach welchem Spezifikationen das Dokument erstellt wurde [16]. Der Dokumententyp ist durch das Schlüsselwort `html` definiert. Der Name der Sprachversion wird mit `"-//W3C//DTD XHTML 1.0 Transitional//EN"` gekennzeichnet. Der Speicherort der `DTD` (Document Type Definition) (vgl. Kapitel 4.4.2) wird mittels `URL` angegeben.

- HTML verfügt über das Prinzip der Fehlertoleranz. Der Browser kann fehlerhafte oder nicht bekannte Anweisungen bei HTML überlesen und diese bei der Auswertung und optischen Aufbereitung des Webdokumentes unberücksichtigt lassen. XHTML hat dieses Prinzip abgeschafft, um als regelkonformes Dokument für automatische Analysesysteme (Parser) zugänglich und auswertbar zu sein.
- XHTML-Befehle müssen den Verschachtelungsregeln von XML (vgl. Kapitel 4.4) entsprechen. Die Tags müssen nach der angegebenen Reihenfolge abgearbeitet werden:

```
//Bei HTML:
<ol><li><u>Ein unterstrichenes, nummeriertes
                          Element</li></u></ol>
//Bei XHTML:
<ol><li><u>Ein unterstrichenes, nummeriertes
                          Element</u></li></ol>
```

- Die Tags `<head>` und `<body>` und deren Anfangs- und Endmarkierungen sind bei XHTML Pflicht und dürfen nicht ausgesetzt werden.
  XHTML ist an XML angelehnt und erlaubt daher nur wohlgeformte (well formed) Dokumente. Das bedeutet, dass die

syntaktischen Regeln von XML eingehalten werden müssen. Alle Tags gilt es klein zu schreiben und zu schließen, indem eine Endmarkierung gesetzt wird. Im Wurzelelement <html> muss für den XHTML-Namensraum http://www.w3.org/1999/xhtml ein xmlns-Attribut deklariert werden. Das Wurzelelement kann folgendermaßen aussehen:

```
<html xmlns=http://www.w3.org/1999/xhtml
                                   xml:lang="en">
```

- Die Erstellung von Attributen, die über keinen Wert verfügen, ist bei XHTML nicht erlaubt. Im Gegensatz zu HTML müssen Attributwerte in Anführungszeichen stehen: Statt <td colspan="2"> wird bei XHTML <td colspan=2> verwendet.
- Die Attribute name und lang aus HTML 4.01 werden durch die Attribute id und xml:lang ersetzt. Die Attributnummerierung, die in HTML 4.01 durchgeführt werden konnte, wurde bei XHML abgeschafft. Attribut- und Wertepaare müssen zusammen definiert werden. Das Einsetzen von Elementen, wie z. B. checked oder compact ist ohne eine zuvor erstellte Spezifikation nicht erlaubt:

```
//Bei HTML:
<input type="checkbox" name="Auswahl"
                                        checked>

//Bei XHTML:
<input type="checkbox" name="Auswahl"
                              checked="checked">
```

XHTML konnte sich trotz der Vorteile der strengeren Syntax und der Reduzierung von nicht standardisierten Anweisungen bis heute nicht durchsetzen. Viele Webdesigner bevorzugen den „einfacheren" Weg von HTML, da XHTML zu umständlich wirkt und das Prinzip der Fehlertoleranz bei HTML gerne angewendet wird. Die Wahl wird weiterhin bevorzugt auch auf HTML fallen, solange die Webbrowserhersteller dieses unterstützen und keinen Zwang zur Benutzung von XHMTL verhängen.

Die oben aufgelisteten Unterschiede zwischen HTML und XHTML können über den Erfolg oder Misserfolg einer erstellten AJAX-Anwendung entscheiden. XHTML sollte in Kombination mit AJAX bevorzugt eingesetzt werden, da zur Erstellung von AJAX-Anwendungen die Elementstrukturen und die Sprachmittel von HTML standardkonform eingesetzt werden sollten. So ist die strengere Auslegung bei der Manipulation des Dokumentenbaumes per DOM notwendig, um Fehler zu vermeiden.

(X)HTML-Dokumente beginnen stets mit der Anweisung `<html>` und enden mit `</html>`. Dieser Tag bildet den äußersten Container eines (X)HTML-Dokumentes. Innerhalb dessen verfügt ein Webdokument über die beiden Grundstrukturen Kopf (`head`) und Körper (`body`). Im `<head>`-Bereich können Informationen zum Dokument hinterlegt werden, wie z. B. der Titel des Webdokumentes oder Metainformationen, die für Suchmaschinen relevant sind. Der `<body>`-Bereich besteht aus den Informationen zur Darstellung des Dokumentinhalts. Die Informationen werden innerhalb der Tags hinterlegt. Ein Tag besteht aus einer Anfangs- und Endmarkierung [02], die gemeinsam einen Container bilden (vgl. Abb. 4.2.):

```
<ol><li>Nummerierung</li></ol><ul><li>
                         Aufzählung</li></ul>
```

1. Nummerierung

• Aufzählung

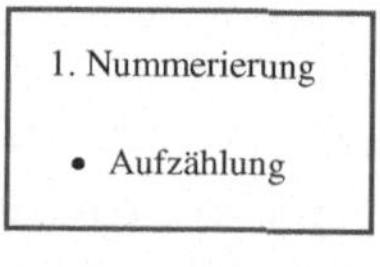

Abb. 4.2. Listenelement

Die in der Anfangsmarkierung befindlichen Anweisungen wirken sich auf den Inhalt des Containers aus. So wird in diesem Beispiel der erste Text 'Nummerierung' über das Tag `<ol>` als Nummerierungselement definiert. Über den Tag `<ul>` wird der zweite Text 'Aufzählung' als Aufzählungsliste dargestellt.

AJAX-Anwendungen können die unterschiedlichen XHTML-Tags einbinden und deren einzelne Parameter verwenden. So werden z. B. die Parameter des `<form>`-Tags, welches zum Erzeugen von Formularen eingesetzt wird, für die Anwendung des XMLHttpRequest-Objektes benötigt. Dabei kommen die beiden Parameter `method` und `action` des `<form>`-Tags bei der `open()`-Methode des XMLHttpRequest-Objektes zum Einsatz. In der `open()`-Methode wird als erster Parameter `method` verwendet, um die Übertragungsart der zu übermittelnden Anfrage (`GET`, `POST`, `PUT` usw.) zu bestimmen. Als zweiter Parameter gibt `action` die Zieladresse an (vgl. Kap. 4.3.2). Detaillierte Listen zu HTML-Elementen, die für die Erstellung von AJAX-Applikationen relevant sind, können verschiedenen Quellen (z. B. [o31]) entnommen werden.

Einige dieser HTML-Elemente sind ebenfalls bei der Nutzung von Stylesheets erforderlich. So wird der Parameter `<class>` benötigt, um einem Tag eine Stylesheet-Klasse zuzuweisen. Die beiden Tags `<div>` und `<span>` sind weitere Beispiele für HTML-Elemente, die bei der Anwendung von Stylesheets von großer Bedeutung sind. Diese beiden Steuerelemente erlauben die Formatierungen von Stylesheets innerhalb eines HTML-Textes. Das HTML-Element `<div>` spielt auch im Hinblick auf DHTML eine wichtige Rolle, da über `<div id="">` Objekte erzeugbar sind, die dynamisch mit JavaScript verarbeitet werden können.

4.2 CSS

Die Intention, die hinter Stylesheets steckt, ist die Trennung von Strukturinformationen einer (X)HTML-Datei und dem Layout. Während die Auszeichnungssprache HTML für die Erzeugung der Informationen des Webdokumentes zuständig ist, werden Stylesheets für die Erstellung und Festlegung von Gestaltungsvorlagen verwendet. Diese Trennung soll verhindern, dass Webdokumente auf den unterschiedlichen Plattformen verschieden interpretiert und dadurch anders dargestellt werden und ermöglicht insbesondere die Wiederverwendung und Wartbarkeit.

Zwar wird die Behandlung des Layouts mit einigen HTML-Elementen ermöglicht, jedoch ist diese Art der Erstellung der Formateigenschaften in der Ausführung beschränkt. Ein Beispiel dafür bildet die Positionierung eines Elementes an einer bestimmten Stelle der Webseite. Einen Lösungsansatz dafür bilden Tabellen, deren Erstellung einen höheren Arbeitsaufwand bedeutet. Diese Möglichkeit ist weniger flexibel und für Skriptaufrufe nicht nutzbar [13].

Beim Umgang mit den eigenen Elementen stößt HTML an seine gestaltungstechnischen Grenzen und kann nicht immer eine Lösung zur Formatierung bereitstellen. Aus diesem Grunde wurden Stylesheets geschaffen. Diese Ergänzungssprache zu HTML bildet keine Programmiersprache im eigentlichen Sinne, sondern bezeichnet ein Konzept, das eigens für die Definition von Formateigenschaften der HTML-Befehle erstellt wurde.

Die bekanntesten Vertreter von Stylesheets bilden die Sprachen CSS [o05] (Cascading Style Sheets), XSL (Extensible Stylesheet Language) und DSSSL (Document Style Semantics and Specification Language). Der Zusammenhang zwischen den Stylesheets ist in Abb. 4.3. skizziert.

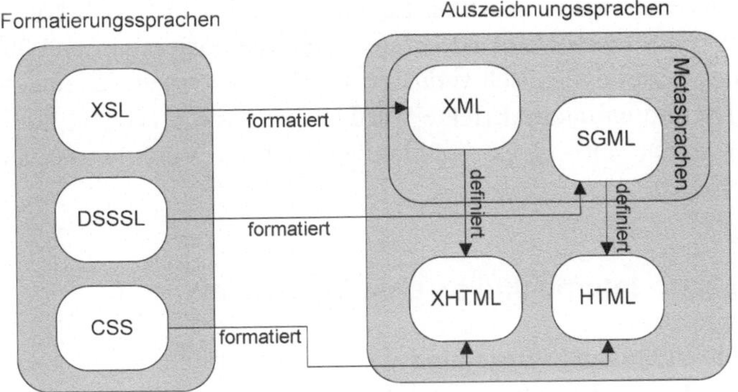

Abb. 4.3. Stylesheets

XSL wurde als Formatierungssprache für XMLDokumente entwickelt, während DSSSL für SGML konzipiert wurde [25]. HTML und XHTML, die jeweils von SGML und XML abstammen, können mit CSS kombiniert werden, um gestalterische Elemente zu erzeugen. Da (X)HTML eine wichtige Technologie des AJAX-Konzeptes bildet, kann die Zusatzsprache CSS in AJAX-Anwendungen optional zum Einsatz kommen (vgl. Kap. 3.1.2).

Die vom W3C-Konsortium spezifizierte Sprache CSS verfügt gegenüber HTML über weiterführende gestalterische Möglichkeiten und ist in der Lage, innerhalb der Dokumentstruktur Formatierungen vorzunehmen, ohne den Inhalt verändern zu müssen. Eine Vermischung von layoutspezifischen Elementen mit den Informationen des Dokumentes, wie es bei HTML beispielsweise mit den Tags `<i>` (kursive Darstellung) oder `<b>` (fette Darstellung) geschieht, wird mit dem Einsatz von CSS verhindert. Die Trennung von Inhalt und Layout hat den Vorteil, dass mehrere Entwickler gleichzeitig an einem Projekt arbeiten und nachträgliche Verbesserungen effektiver durchgeführt werden können [05]. Neben dem Erzeugen von

Formatierungsvorschriften für Farben und Schriftarten können per CSS Elemente exakt auf der Webseite positioniert und über JavaScript dynamisch verändert werden. So lassen sich interaktive und animierte Effekte wie Drag & Drop erzeugen, die im Hinblick auf AJAX-Applikationen große Vorteile mit sich bringen.

4.2.1 Interne und externe StyleSheets

Die individuelle Erstellung von Formatdefinitionen in einzelnen Elementen, wie es in HTML üblich ist, ist auch bei CSS möglich. Diese Methode hat den Nachteil, dass der definierte Stil nur für das einzelne Element gültig und nicht auf andere Elemente innerhalb eines Webdokumentes übertragbar ist. Es stehen zwei weitere Methoden zur Verfügung, um CSS in HTML-Dokumenten zu integrieren, die genau dies erlauben:

- Im `<head>`-Bereich der Webseite lässt sich eine zentrale Formatvorlage definieren:

```
<html>
<head>
<title>Titel </title>
<style type="text/css">
<!-- Formatvorlagen werden hier erstellt -->
</style>
</head>
```

  Die Stylesheet-Formatdefinitionen werden mit dem HTML-Container `<style>` eröffnet. Im Anfangstag wird der MIME-Typ der Stylesheet-Sprache definiert. (MIME ist ein Internet-Standard, der Dateitypen bei der Kommuniaktion zwischen Server und Browser spezifiziert.) Bei CSS geschieht dies über `type = "text/css"`. Die CSS-Anweisungen werden im Tag für HTML-Kommentare (`<!-`

- ... -->) hinterlegt. Dieses Vorgehen soll Fehler vermeiden, die bei der Benutzung von älteren Webbrowsern auftreten würden. Browser, die nicht CSS-kompatibel sind, würden beim Fehlen des Kommentar-Tags versuchen die Anweisung zu verarbeiten und daran scheitern. Durch das Tag interpretieren diese Browser CSS-Anweisungen als HTML-Kommentar und überlesen die dort befindlichen Anweisungen.
Innerhalb des Webdokumentes können alle HTML-Elemente auf diese Formatvorlage zugreifen, um die dort definierten Gestaltungsregeln anzunehmen. Sollte der Webentwickler Änderungen an der zentralen Formatvorlage vornehmen, so werden alle sich darauf beziehenden Elemente automatisch aktualisiert.

- Besteht ein Projekt aus mehreren HTML-Dokumenten, ist es sinnvoll, separate Formatdefinitionen anzulegen. Diese werden einmalig notiert und bilden eine eigenständige Datei, die einheitlich für alle Webseiten des Projektes gültig ist. Die externen Stylesheets können innerhalb einer Webseite im `<head>`-Bereich über den `<link>`- Tag eingebunden werden:

```
<head>
<title>Titel der Datei</title>
<link rel="stylesheet" type="text/css"
                              href="daten.css">
</head>
```

Die Anweisung `rel="stylesheet"` besagt, dass das Webdokument zu CSS verlinkt werden soll. Während das Attribut `type` den bereits bekannten MIME-Typen für CSS enthält, gibt das Attribut `href` die Adresse der externen Stylesheet-Datei an, die eine reine Textdatei darstellt und über die Endung `.css` verfügt.

4.2.2 CSS-Formatvorlagen

Nachdem das Definieren von internen und externen Stylesheets erläutert wurde, werden in diesem Abschnitt die zu erstellenden Formatierungsvorlagen innerhalb des Rumpfes näher beschrieben. Die gestalterischen Vorgaben zu bestimmten Dokumentenobjekten können auf verschiedene Arten erfolgen [15]:

- Im Definitionsbereich der CSS-Vorlagen ist die Erstellung von Klassen möglich, mit denen bestimmte Formate erstellt werden können. Diese Klassen können von allen Tags integriert werden, um die dortigen Gestaltungsregeln anzunehmen. Die Referenz auf die erstellte Klasse wird innerhalb eines Elementes über das Universalattribut `class`, welches bis auf wenige Ausnahmen für alle Tags einsetzbar ist, erzeugt (vgl. Abb. 4.4.):

```
<style type="text/css">
<!- .hervorhebung {font-weight: bold;
                              color: blue} -->
</style>
</head>
<body>
<p>Das ist <span class="hervorhebung">
                             Herr Meier</span>
...
```

Das ist **Herr Meier**

Abb. 4.4. CSS-Format per Klasse

Bei der Definition der Klasse gilt es die Punktnotation zu beachten, mit der erkenntlich wird, dass es sich um eine solche handelt. Beim Aufruf der Klasse innerhalb des HTML-

Elementes ist der Punkt nicht notwendig. Als Wert wird dort nur die Bezeichnung der Klasse eingetragen.

- Über die `id` kann über das gesamte Dokument eine eindeutige Wertezuweisung stattfinden. Das Universalattribut `id` folgt der Vorgehensweise, die beim `class`-Attribut angewendet wird. Der `id` wird das Gatterzeichen # vorangestellt (vgl. Abb. 4.5.):

```
<style type="text/css">
<!--
#ersteid
{
top:100px;
left:50px;
width:200px;
border:14px solid #F6FF00
}
-->
</style>
...
<div id="ersteid"><h1>Ein gelber
                            Kasten</h1></div>
...
```

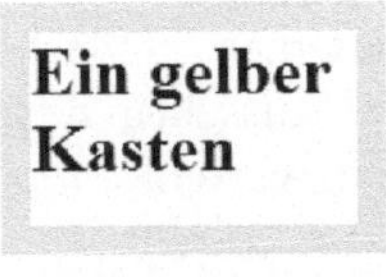

Ein gelber Kasten

Abb. 4.5. CSS-Format per ID

Es besteht die Möglichkeit, dieselbe ID an mehrere Elemente zu vergeben. Solch ein Schritt sollte vermieden werden, da der Zugriff auf diese ID mittels JavaScript nicht mehr eindeutig wäre. Komplikationen wären die Folge eines solchen Schrittes. Daher wird empfohlen, die Eindeutigkeit zu wahren, indem jedem Element eine eigene ID zugewiesen wird.

- Eine weitere Methode zur Erstellung von CSS-Formaten bilden die HTML-Selektoren. Diese befinden sich vor den geschweiften Klammern des Rumpfes und bestimmen, für welchen Knoten des Dokumentenbaumes die Definition gelten soll:

  ```
  <style type="text/css">
  <! -- h1 {font-size:36pt} --></style>
  ```

  Über den Selektor h1 wird die Überschrift 1. Ordnung mit der Schriftgröße 36 definiert. Bei diesem Quelltextausschnitt handelt es sich um ein internes Stylesheet, was durch das Tag für HTML-Kommentare ersichtlich ist.

4.2.3 Beispielanwendungen

Durch zwei Beispiele zu internen und externen Stylesheets wird das Zusammenspiel zwischen den CSS-Formatvorlagen und den darauf zugreifenden HTML-Elementen veranschaulicht.

Das Beispiel zu internen Stylesheets verwendet dabei HTML-Selektoren. Das Aussehen des Quelltextes im Webbrowser ist in Abb. 4.6. dargestellt.

```
<html>
<head>
<title>Interne StyleSheets</title>
<style type="text/css">
<!--
h1 {font-size:36pt}
```

```
p {font-family:Verdana,Arial,sans-serif;
                              font-size:12pt;}
body {bgcolor:#000000; text=#FFFFFF;}
-->
</style>
</head>
<body>
<h1>Interne StyleSheets</h1>
<p>Ein kleines Beispiel zu internen
                               StyleSheets</p>
</body>
</html>
```

Interne StyleSheets
Ein kleines Beispiel zu internen StyleSheets

Abb. 4.6. Interne StyleSheets mittels Selektor

Die beiden folgenden Dokumente bilden ein Beispiel zur Verwendung externer Stylesheets, in dem die CSS-Formatvorlagen über Klassen in das XHTML-Dokument integriert werden. Das XHTML-Dokument sieht wie folgt aus:

```
<?xml version="1.0" encoding="UTF-8"?>
<!DOCTYPE html PUBLIC "-//W3C//DTD XHTML 1.0
Strict//EN"
"http://www.w3.org/TR/xhtml1/DTD/
                              xhtml1-strict.dtd">
<html>
<!-- Head -->
<head>
<META http-equiv=Content-Type
content="text/html; charset=iso-8859-1">
```

```
<link rel="stylesheet" type="text/css"
                              href="daten.css">
</head>
<!--Ende Head -->
<body topmargin="0" leftmargin="0"
rightmargin="0" bottommargin="0">
<table cellspacing="0" cellpadding="0"
          width="100%" height="100%" border="0"
                                  class="navi">
<tr>
<td width="100%" colspan="4" align="center"
     background="images/BannerHintergrund.jpg">
<img src="images/banner.jpg" border="0">
</td>
</tr>
<tr width="100%" height="100%">
<td width="15%" valign="top">
<!-- Navigation -->
<table height="100%">
<tr><td><a href="index.html">Startseite
                                </a></td></tr>
<tr height="100%">
<td valign="top">
<table cellspacing="0" cellpadding="0">
<tr>
<td><br>
<a href="a.html">Menüpunkt A</a><br>
<a href="b.html">Menüpunkt B</a><br>
<a href="c.html">Menüpunkt C</a><br>
</td>
</tr>
</table>
</td>
</tr>
</table>
<!-- Ende Navigation -->
</td>
```

```
<td width="85%" class="content" valign="top">
<!-- Inhalt -->
<table width="100%">
<tr><td>
<h2>HTML und CSS</h2>
Die Informationen der Webseite werden mittels
<b>HTML</b> erstellt.<p> Das Layout wird über
<b>CSS</b> gestaltet.<br> Neben der Schriftart
und -grösse wird auch die Farbe für das<br>
Navigationsmenü, den Hintergrund und den
Standardtext definiert.</p>
</td></tr>
</table>
<!-- Ende Inhalt -->
</td>
</tr>
</table>
</body>
</html>
```

Die dazugehörige CSS-Datei hat folgenden Aufbau:

```
A:link { COLOR: #092870; TEXT-DECORATION: none}
A:visited { COLOR: #E10500; TEXT-DECORATION:
                                          none}
A:hover { COLOR: #FBAE63; TEXT-DECORATION:
                                     underline}
A:active { COLOR: #ABFB63; TEXT-DECORATION:
                                          none}
TH {
COLOR: #FB63EF;
FONT-WEIGHT: bold;
FONT-SIZE: 24;
TEXT-DECORATION: underline;
}
/* Non-Standard */
.showen {
```

```
COLOR: #05FFA4;
FONT-WEIGHT: bold;
TEXT-DECORATION: underline;
}
.navi {
BACKGROUND-COLOR: #e5e5e5;
}
.content {
BACKGROUND-COLOR: #FFFFE9;
}
```

Das Resultat aus der Kombination der HTML- mit der CSS-Datei ist in Abb. 4.7. dargestellt.

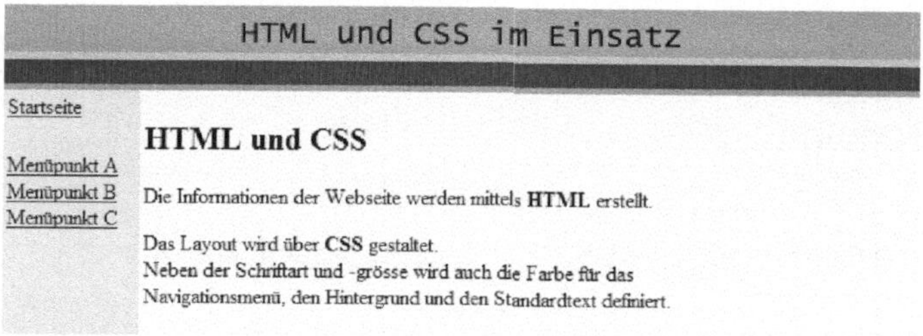

HTML und CSS im Einsatz

Startseite

Menüpunkt A
Menüpunkt B
Menüpunkt C

HTML und CSS

Die Informationen der Webseite werden mittels **HTML** erstellt.

Das Layout wird über **CSS** gestaltet.
Neben der Schriftart und -grösse wird auch die Farbe für das Navigationsmenü, den Hintergrund und den Standardtext definiert.

Abb. 4.7. HTML und CSS im Einsatz

Die gerade beschriebenen Beispiele veranschaulichen die verschiedenen Methoden zur Integration von CSS in XHTML-Dokumenten. Diese Vorgehensweise kommt in Kombination mit JavaScript auch bei AJAX-Applikationen zum Einsatz, um über Event-Handler interaktive Effekte zu schaffen. Beim Event-Handler handelt es sich um Quelltext, der beim Eintreffen bestimmter Ereignisse ausgeführt wird [32].

4.3 JavaScript

JavaScript ist eine von SUN Microsystems und Netscape entwickelte clientseitige Skriptsprache, welche den Zweck verfolgt, statische HTML-Dokumente dynamischer zu gestalten. JavaScript hat sich mittlerweile zu einem Quasi-Standard etabliert und baut auf der Sprache ECMAScript [o10] auf.

ECMAScript wurde 1998 als internationaler Standard ISO/IEC 16262 akzeptiert und fungiert ebenfalls als Teil des Sprachkerns bei JScript. JScript ist eine von Microsoft erstellte Kopie von JavaScript. Da beide Skriptsprachen auf ECMAScript aufbauen, sind sie in der Lage, die beiderseitige Syntax zu verstehen.

JavaScript hat im Laufe der Entwicklung ECMAScript mit eigenen Methoden erweitert [09]. Das Clientscript wird vollständig im Webbrowser ausgeführt und bildet den Hauptgrund für die Interaktivität in AJAX-Applikationen. Die Kommunikation mit den HTML-Inhalten ist über ECMAScript nicht möglich. Dazu benötigt JavaScript das DOM, auf das im Laufe dieses Kapitels näher eingegangen wird.

Der Quelltext eines JavaScripts wird in der Regel direkt innerhalb des (X)HTML-Codes eingefügt. Dazu wird browserübergreifend das `<script>`-Tag genutzt, welches sowohl im `head` als auch im `body`-Bereich eines Webdokumentes eingefügt werden kann. Wo genau das Skript positioniert wird, hängt von der Funktionalität und den HTML-Tags ab, welche das Skript benötigt.

Mit dem HTML-Element `<script type="text/javascript">` wird das Java-Script eingeleitet und im Rumpf innerhalb des Kommentar-Tags `<!-- -->` eingefügt. Ältere Browser, die JavaScript nicht interpretieren können, werden den Skriptcode überlesen und als Kommentar abtun.

Innerhalb des Kommentar-Tags können neben dem Quelltext wiederum auch Kommentare eingefügt werden. Bei einzeiligen Kommentaren wird dabei der doppelte Schrägstrich (Slash) `//` genutzt, während ein mehrzeiliger Kommentar mit `/*` beginnt und durch `*/` abgeschlossen wird:

```
<script type="text/javascript">
<!--
//hier steht der JavaScript-Quellcode
-->
</script>
```

Statt den JavaScript-Code direkt in das (X)HTML-Dokument einzubinden, kann eine separate JavaScript-Textdatei erzeugt und in (X)HTML eingebunden werden. Dieser alternative Ansatz macht bei Mehrfachverwendung des JavaScript-Codes Sinn. Die externe Datei enthält die Endung `.js` und kann als Verweis in jede Webseite integriert werden, die dessen Funktionalität benötigt. Dadurch wird die Funktionalität von der Struktur der Webseiten getrennt, was erhebliche Vorteile bei der Wartung und bei nachträglichen Änderungen mit sich bringt.

Um das externe JavaScript in eine Webseite einbinden zu können, wird das `<script>`-Tag mit dem Attribut `src` und dem dazugehörigen Wert, dem Namen der JavaScript-Datei, erweitert. In der Praxis würde die Einbindung von JavaScript, wie nachfolgend dargestellt, aussehen. Zunächst wird die JavaScript-Datei mit den nachfolgenden Inhalten erstellt und unter der Endung `.js` abgespeichert:

```
var zeit = new Date();
var stunde = zeit.getHours();
var minute = zeit.getMinutes();
var sekunde = zeit.getSeconds();
```

```
var aktuell = stunde+':'+minute+':'+sekunde;
document.writeln("<b>die aktuelle Uhrzeit
                        lautet: </b>" +aktuell);
```

Das passende HTML-Dokument kann folgendermaßen beschrieben werden:

```
<!DOCTYPE HTML PUBLIC "-//W3C//DTD HTML 4.01
                                Transitional//EN"
"http://www.w3.org/TR/html4/loose.dtd">
<html>
<head>
<title>HTML und JavaScript</title>
<meta http-equiv="Content-Type"
content="text/html; charset=ISO-8859-1">
</head>
<body>
<h1>Einbindung einer separaten
                        JavaScript-Datei</h1>
<script type="text/javascript"
src="hallo.js"></script>
</body>
</html>
```

Die Ausgabe zeigt die aktuelle Uhrzeit und ist in Abb. 4.8. dargestellt.

Einbindung einer separaten JavaScript-Datei

die aktuelle Uhrzeit lautet: 11:38:17

Abb. 4.8. HTML-Code aus separater JavaScript-Datei

Mit Hilfe von vordefinierten Methoden, die an bestimmte Objekte gebunden sind, können Standardfunktionalitäten unkompliziert in das Webdokument eingebunden werden. In dem oben genannten Beispiel wird das Objekt `Date()` angewendet, mit dessen Methoden `getHours()`, `getMinutes()` und `getSeconds()` die aktuelle Zeit unkompliziert ausgelesen werden kann. Der Wert der jeweiligen Methode wird im obigen Quelltext einer Variablen zugewiesen.

Wie in vielen anderen Programmiersprachen können in dem Sprachkonstrukt von JavaScript Variablen vereinbart werden. Dazu wird das Schlüsselwort `var` benötigt. Der Typ der Variablen wird dabei nicht spezifiziert. Die in Tabelle 4.1. dargestellten Typen werden aber unterstützt.

Tabelle 4.1. JavaScript-Typen [08]

Typ	Beschreibung	Beispiel
String	Eine Folge von Zeichen	alert('Das ist ein String')
Number	Numerischer Datentyp	var i = 1;
Boolean	Logischer Wert wahr o. falsch	var an = new Boolean(true);
Null	Leer (nicht 0)	if (name == null){//}

Bestimmte Aufgaben können über Funktionen realisiert werden. Diese werden mit `function` eröffnet und bestehen aus einem Anweisungsblock, der durch geschweifte Klammern gekennzeichnet ist. Das folgende Beispielprogramm, dessen Ausgabe in Abb. 4.9. dargestellt ist, verwendet die beiden Funktionen `Quadriere()` und `Quadrat(Wert)`:

```
<!DOCTYPE html PUBLIC "-//W3C//DTD XHTML 1.0
                                    Strict//EN"
```

```
"http://www.w3.org/TR/xhtml1/DTD/
                                xhtml1-strict.dtd">
<html xmlns="http://www.w3.org/1999/xhtml">
<!--
HTML 4.01 Transitional
Document type as defined on
http://www.w3.org/TR/html401/
-->
<head>
<title>Zahl quadrieren</title>
<script type="text/javascript">
//<!--
function Quadriere(){
var t = document.Eingabe.Feld.value;
var x = Quadrat(document.Eingabe.Feld.value);
document.getElementById("Quadrat").innerHTML =
"Das Quadrat von " + t + " lautet " + x;}
function Quadrat(Wert){
return(parseFloat(Wert) * parseFloat(Wert));
}
//-->
</script>
</head>
<body>
<h3>Ausgabe:</h3>
<form name="Eingabe">
<input type="text" name="Feld">
<input type="button"
value="Ausgabe" onClick="Quadriere()">
</form>
<h3>Ergebnis:</h3>
<div id="Quadrat"></div>
</body>
</html>
```

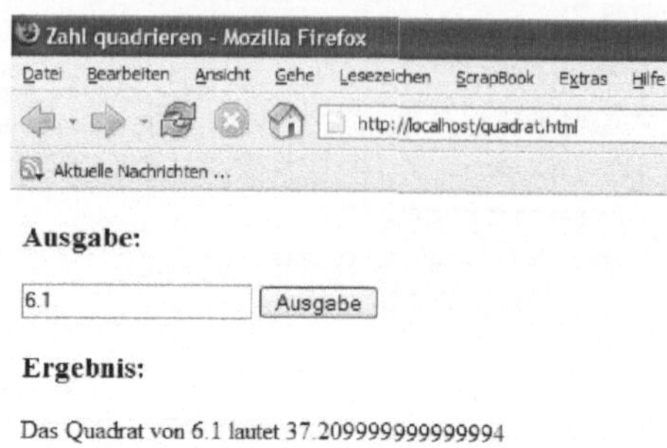

Abb. 4.9. Ausgabe mittels AJAX

Die beiden Funktionen haben unterschiedliche Aufgaben und werden erst beim Aufruf ausgeführt. Während die Funktion `Quadriere()`, die aus dem `<body>`-Bereich aufgerufen wird, für die Ausgabe zuständig ist, kümmert sich die Funktion `Quadrat(Wert)` um die mathematische Berechnung. Beim Aufruf wird dieser Funktion der Parameter `Wert` übergeben, mit dem die Berechnung stattfindet. Mit der internen Funktion `return()` wird das Ergebnis an die aufrufende Funktion `Quadriere()` übergeben, die wiederum das Ergebnis auf dem Bildschirm ausgibt.

Neben der Verwendung der Funktionen zeigt das kleine Beispiel auch die Benutzung von Event-Handlern. Neben `onClick`, das in dem Beispiel zum Einsatz kommt, verfügt JavaScript über weitere wichtige Event-Handler. Eine kleine Auswahl kann der Tabelle 4.2. entnommen werden.

Tabelle 4.2. Wichtige Event-Handler

Event-Handler	Beschreibung
Onclick	Mausklick auf ein Objekt
onmouseover	Maus fährt über ein Objekt
onmouseout	Maus verlässt das Objekt wieder
Onchange	Objekt ändert sich
Onload	Webseite ist geladen
Onunload	Webseite wird geschlossen

Eine weitere interessante Methode, die in dem oben erzeugten Beispiel zum Einsatz kommt, ist die Methode `getElementById()`. Diese Methode ist Teil des Document Object Model (DOM). JavaScript kann in Kombination mit DOM bzw. mit DHTML effektiv den dynamischen Zugriff auf das Webdokument ausführen. Dabei gehen die Manipulationsmöglichkeiten des Dokumentes weit über die einfache Interpretation, die durch den Browser angeboten wird, hinaus. Die Behandlung von einzelnen Bestandteilen der Webseite kann mittels DOM und DHTML auch dann getätigt werden, wenn das Dokument bereits im Webbrowser geladen ist.

4.3.1 DHTML und DOM

Über DHTML können einzelne Bestandteile einer Webseite nach dem Darstellen der Seite angesprochen und bearbeitet werden. Eingeführt wurde diese clientseitige Technologie mit den Veröffentlichungen der beiden Webbrowser Internet Explorer 4 von Microsoft und dem Netscape Communicator 4.

DHTML ist keine eigenständige Programmiersprache oder eine Erweiterung der Auszeichnungssprache HTML. Die Abkürzung steht für dynamic HTML und ist eine Kombination aus den Technologien (X)HTML, einer Skriptsprache wie JavaScript, und Cascading Style Sheets (CSS). Für die grafische Aufbereitung der Daten wird die Webtechnik CSS benötigt, während JavaScript für die Weiterverarbeitung der Daten zuständig ist. Die Kombination dieser Technologien erlaubt Webentwicklern den Inhalt und die Struktur eines Webdokumentes dynamisch zu modifizieren. Interaktive Effekte wie das Verschieben von Inhalten an andere Positionen oder das Austauschen von Informationen innerhalb des Webdokumentes können ohne Installation weiterer Plug-Ins, wie z. B. der Java-VM (Virtual Machine) durchgeführt werden.

DHTML wurde, wie von Microsoft und Netscape anfangs erhofft, von den Anwendern nicht mit der gewünschten Begeisterung aufgenommen. Die unterschiedlichen Auslegungen von DHTML in den beiden Webbrowsern waren einer der Hauptgründe für die fehlende Akzeptanz dieser Technologie. Die anderweitigen Interpretationen von DHTML, das keinen offiziellen W3C-Standard bildet, resultierten aus dem so genannten Browserkrieg, in dem Microsoft und Netscape die Vorherrschaft auf dem Browsermarkt angestrebt haben. So wird z. B. DHTML beim Webbrowser von Netscape mit Hilfe von JavaScript Style Sheets (JSSS) und Bitstream Fonts realisiert, die der Internet Explorer nicht unterstützt. Netscape führte das Element `layer` ein, mit dem ermöglicht wurde, positionierte Layer dynamisch zu behandeln, um Effekte, wie Ein- und Ausblendungen oder Verschiebungen, zu entwerfen. Dem layerorientierten Modell von Netscape stand das inhaltsorientierte DHTML-Modell von Microsoft gegenüber. Der Internet Explorer hingegen verfügte über das `all`-Objekt, mit dem jedes einzelne HTML-Element einer HTML-Webseite angesprochen werden kann. Im Laufe des im Jahre 1997 ausgebrochenen

Browserkrieges wurden im Internet Explorer 4 zusätzlich dynamische Filter, Datenanbindungen und Scriptsprachen wie JScript und VBScript integriert [15].

Die Webentwickler mussten Lösungen für beide Browser und die unterschiedlichen Versionen programmieren, was zu einem erhöhten Programmier- und Kostenaufwand führte. Das dynamische HTML, welches entworfen wurde, um auf alle Elemente einer Webseite zuzugreifen, beschränkte sich auf die Erstellung von Animationen. Diese wurden ab dem Jahre 2002 vermehrt durch Flash realisiert, was zu einer rückläufigen Entwicklung beim Einsatz von DHTML führte.

Der Netscape 4.x Webbrowser wird bis heute noch, meist von Unternehmen und Behörden, verwendet. Diese erwarben vor dem Browserkrieg kostenpflichtige Lizenzen, bevor der Browser, wie das Konkurrenzprodukt von Microsoft, kostenlos angeboten wurde. Aus diesen Lizenzen resultieren kostenlose und über Jahre laufende Wartungsverpflichtungen gegenüber den Kunden, die den Netscape 4.x Browser verwendeten [24].

Die Anzahl der Benutzer ließ über die Jahre nach und ist momentan gering. Mittlerweile sind alle technischen Probleme beseitigt worden, die zu Zeiten des Internet Explorer 4 und des Netscape 4.x herrschten und den frühen browserübergreifenden Einsatz von DHTML verhinderten. Die Geschwindigkeit, die zum Ausführen von JavaScript benötigt wird, ist durch die Leistungssteigerung der Hardware und der Internetleitung gegeben (vgl. Kap. 3.3). Die unterschiedlichen Interpretationen von DHTML gehören weitestgehend der Vergangenheit an.

Aktuelle Webbrowser unterstützen nahezu vollständig dasselbe DHTML-Modell, welches einen einheitlichen Standard des W3C-Konsortiums darstellt und einen einheitlichen Weg zur Anwendung von DHTML vorgibt. Dieses Modell wurde unter der Bezeichnung Document Object Model (DOM) eingeführt und baut auf dem von Microsoft verwendeten inhaltsorientierten DHTM-Modell auf. Der Konkurrent Netscape übernahm diese Technologie und verwarf den eigenen layerorientierten Ansatz, der in der 4.x-Version des Webbrowsers noch integriert wurde [24].

Weitere moderne Webbrowser, wie Opera oder Konqueror unterstützen ebenfalls den DOM-Standard, mit dessen Objekten die Manipulation von bestehenden Bereichen des Webdokumentes ermöglicht wird.

Folgende Webbrowser sind kompatibel zum DOM-Modell:

- Internet Explorer ab Version 5.0
- Netscape ab Version 6.0
- Mozilla ab 1.x
- Opera ab Version 4.0
- Konqueror
- Safari

Die browserübergreifende Unterstützung von DOM ermöglicht einen einheitlichen Quelltext, der in den oben aufgelisteten Webbrowsern ausführbar ist. Statt die proprietären Eigenschaften von Microsoft und Netscape zu benutzen, werden die Technologien verwendet, die alle Browserarten unterstützen, so dass die Eigenschaften der Browser angepasst werden. Diese Methode wird als CrossBrowser-Programmierung bezeichnet [31].

Abbildung 4.10. zeigt die Überschneidung der Technologien, über die sowohl der Internet Explorer als auch der Netscape Communicator verfügt. Die gemeinsamen Technologien DOM, JavaScript und CSS bilden CrossBrowser-DHTML.

Die Programmierung von DHTML-Webseiten wird über das DOM-Zugriffsmodell erheblich vereinfacht, da sie in allen modernen Browsern ausführbar ist. Die Entwicklung von Individuallösungen einzelner Webbrowser entfällt.

„The Document Object Model is a platform- and language-neutral interface that will allow programs and scripts to dynamically access and update the content, structure and style of documents. The document can be further processed and the results of that processing can be incorporated back into the presented page“ [o27].

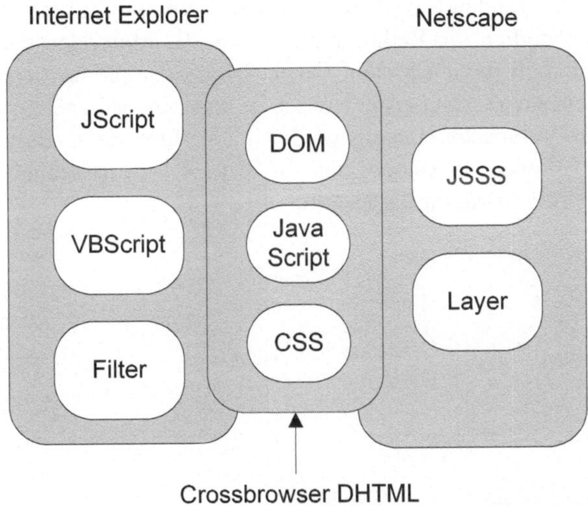

Abb. 4.10. Gemeinsame Technologien unterschiedlicher Webbrowser

Nach der Definition des W3C-Konsortiums bildet DOM eine plattform- und sprachunabhängige Schnittstelle, die von Programmen und Skripten implementiert werden kann, um den dynamischen Zugriff auf Dokumente und deren Aktualisierung zu gewährleisten.

Der Inhalt einer Webseite wird in einer modalen, hierarchischen Baumstruktur abgelegt, die aus einzelnen Elementen, Knoten und Attributen besteht. Die Knoten, oder auch `nodes` genannt, bilden in dem Dokumentenbaum Verweise zu den Elementen und den Attributen. Die Elemente sind die einzelnen HTML-Tags des Webdokumentes, während die Attribute die Eigenschaften dieser Tags festlegen.

DOM bietet Objekte und Methoden an, um die Elemente des Dokumentenbaumes mittels einer Programmiersprache dynamisch manipulieren zu können. Der Zwang zur Anwendung einer bestimmten Programmiersprache ist nicht gegeben. Diese muss lediglich die Bedingung erfüllen, die Methoden und Eigenschaften des Document Object Models implementieren zu können. JavaScript beispielsweise ist dazu in der Lage.

Zur Veranschaulichung wird der Quelltext einer einfachen HTML-Seite angegeben und in Abb. 4.11. die zugehörige DOM-Baumstruktur dargestellt:

```
<html>
<head>
<title>
Begrüssung
</title>
</head>
<body>
<h1>
<form>Guten Tag</form>
</h1>
</body>
</html>
```

DOM orientiert sich nicht an bestimmten HTML-Elementen, sondern wandelt den Quelltext um in eine abstrakte Struktur, ähnlich der eines Verzeichnis- oder Datensystems [26]. Bei (X)HTML- und XML-Dokumenten kann mittels DOM über die einzelnen Knoten der Baumstruktur auf jeden weiteren Ast und Zweig des Baumes und auf die sich dort befindenden Auszeichnungen, die Tags, und deren Inhalte zugegriffen werden.

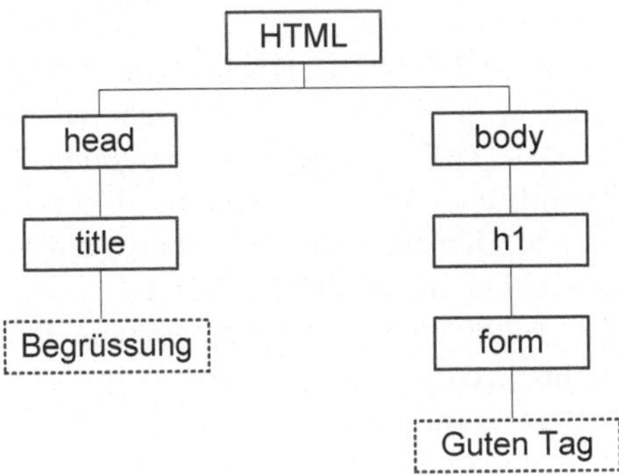

Abb. 4.11. DOM-Baumstruktur

Die normale Anwendung von JavaScript wäre nicht in der Lage, den Inhalt zwischen den Anfangs- und Endtags `<h1>` und `</h1>` zu bestimmen, da JavaScript im Gegensatz zu DOM über kein Objekt verfügt, welches den Inhalt vom `<h1>`-Tag darstellen kann [31].

Der DOM-Ansatz bildet dafür eine optimale Lösung und ist für das AJAX-Konzept bei der Veränderung bereits bestehender Bereiche einer Webseite enorm wirkungsvoll. Während andere Technologien sich um die asynchrone Kommunikationsmethode kümmern, ist DOM dafür zuständig, die über die AJAX-Engine bereitgestellten Daten in die bereits dargestellte Webseite einzugliedern, um diese zu aktualisieren.

4.3.1.1 DOM-Standardisierung

Das Document Object Model wurde erstmalig 1998 eingeführt und seitdem konsequent weiterentwickelt. Dabei werden die unterschiedlichen Versionen nicht durch Versionsnummern, sondern durch Level angegeben.

- DOM Level 1: Am ersten Oktober 1998 wurde die erste Version des DOM veröffentlicht. Die DOM Level 1-Spezifikation wird in die beiden Bereiche DOM-Kern (Core) und DOM-HTML unterteilt und beschreibt die grundlegende Schnittstelle der Baumstruktur. Über Objekte und standardisierte Methoden wird der Zugriff auf verschiedene Teile eines XML- oder HTML-Dokumentes ermöglicht, mit denen die Navigation und Manipulation innerhalb der Baumstruktur getätigt werden kann [o43]. Mittels der Methode `getElementById()` können die Elemente anhand einer ID identifiziert werden, während `getElementsByTagName()` den Zugriff auf bestimmte HTML-Tags erlaubt (vgl. Abb. 4.12.).

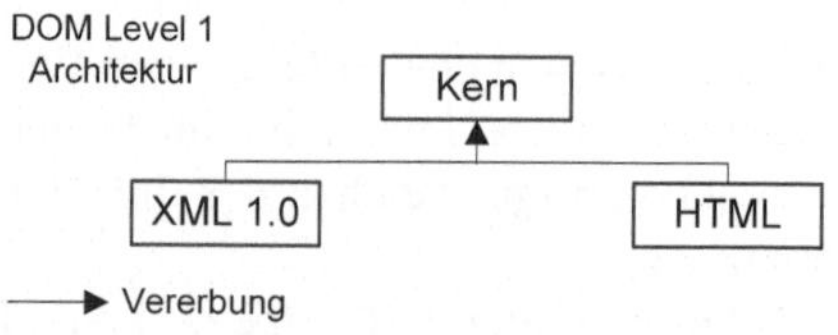

Abb. 4.12. DOM Level 1

- DOM Level 2: Die am 13. November 2000 verabschiedete DOM Level 2-Version baut auf der Definition von DOM Level 1 auf [o36]. In diesem Konzept werden Methoden, wie z. B. `hasAttributes()` bereitgestellt, die im DOM Level 1 noch nicht zur Verfügung standen und hauptsächlich für die Unterstützung von XML und Cascading Style Sheets benötigt werden. Abbildung 4.13. zeigt die DOM Level 2-Architektur.

  Neben der Erweiterung von XML-Namensräumen werden auch Cascading Style Sheets (CSS) unterstützt. Über CSS kann das Layout der Webseite manipuliert und in Kombination mit dem Model-View die Werte bestimmter Webelemente, wie z. B. die Schriftart der Überschrift, überprüft werden. Eine weitere Modifikation gegenüber DOM Level 1 stellt die Ausweitung von HTML auf XHTML und die Zuweisung an den DOM 2-Kern dar. Ereignisse, wie z. B. eine benutzerauslösende Aktion, können durch das Event-Modell in Kombination mit JavaScript verarbeitet werden. Das Reichweiten (`range`)- und das Traversal-Modell dienen der Navigation innerhalb des Knotenbaumes. Über DOM-Validation wird die Zulässigkeit der Baumstruktur auf vorgenommene Manipulationen durchsucht.

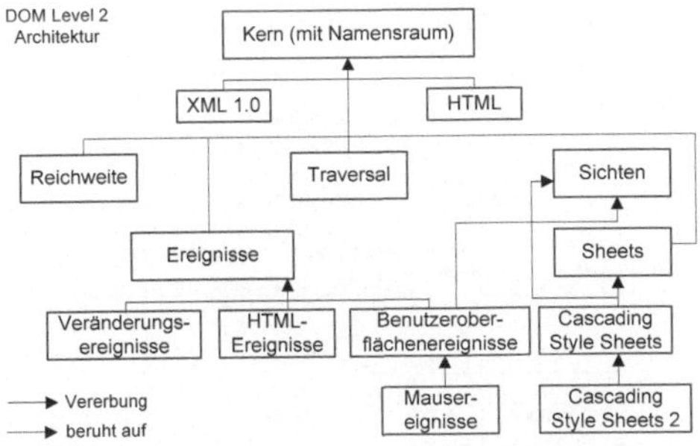

Abb. 4.13. DOM Level 2

- DOM Level 3: Der Nachfolger von DOM Level 2 wurde am 07. April 2002 als Arbeitsentwurf eingeführt und erweitert das Vorgängerkonzept in allen Bereichen, so dass die individuelle Behandlung von Teilbereichen des Webdokumentes verbessert wurde. Die Navigation innerhalb der Baumstruktur und die Bearbeitung der Knoten werden über die DOM-API vereinfacht, die über weitere Methoden verfügt. Im DOM Level 3-Konzept ist der Schwerpunkt auf die Unterstützung von XML-Dokumenten gelegt worden [o44], die über einen Satz von bereitgestellten Objekten angesprochen werden können. Zuständig dafür ist die DOM-Validation während DOM XPath die Adressierung der Knoten mit XPath (XML Path Language) anbietet, was zu einem vereinfachten Zugriff auf bestimmte Knoten innerhalb des Baumes führt. Eine weitere wichtige Erweiterung ist das Load/Save-Modul, welches für die Serialisierung und dem Parsen von Dokumentteilen verantwortlich ist. DOM Level 3 Load/Save verfügt über Filter, die es ermöglichen, einen Teilbereich des XML-Dokumentes zu bearbeiten, statt dies vollständig aufrufen zu müssen. Zusätzlich wird die Kommunikationsmöglichkeit per HTTP bereitgestellt, die über das XMLHttpRequest-Objekt, dem Kern aller AJAX-Anwendungen, ablaufen soll (vgl. Abb. 4.14.).

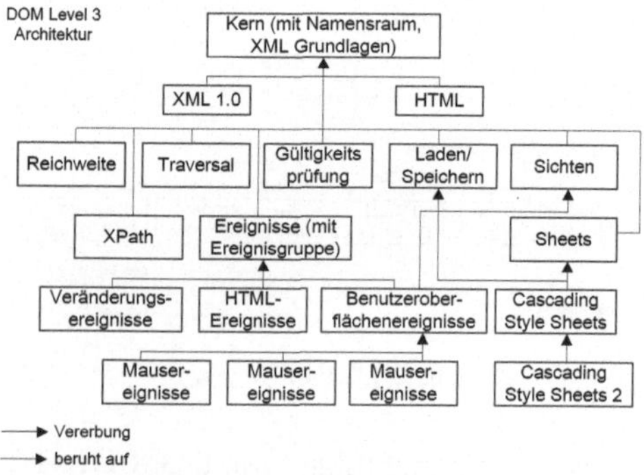

Abb. 4.14. DOM Level 3

4.3.1.2 Manipulation per DOM

Um einzelne Bereiche des Webdokumentes dynamisch und erfolgreich abändern zu können, ist es notwendig, auf die einzelnen Elemente der Seite zugreifen zu können. Die Änderungen werden dabei direkt an dem Dokument getätigt, ohne dass ein erneutes Laden der Webseite notwendig ist. So sind beispielsweise Effekte wie Text- oder Positionsänderungen bestimmter Elemente möglich. Ausgehend vom `document`-Objekt, das in der Hierarchieebene eines Webdokumentes an oberster Stelle steht, ist die Auswertung und Weiterverarbeitung des gesamten Dokumentenbaumes möglich. Dem `document`-Objekt sind alle weiteren Elemente eines Dokumentes untergeordnet. Die Navigation innerhalb des Dokumentenbaumes und die gezielte Selektion eines bestimmten Knotens werden dabei durch die Bereitstellung bestimmter DOM-Methoden vereinfacht. Die damit verbundenen Änderungen am Dokumentenbaum sind dynamisch und nur für die Dauer der Sitzung gültig. Eine persistente Änderung der originalen HTML-Datei ist nicht gegeben.

Die wichtigsten DOM-Methoden, die direkt vom `document`-Objekt abgeleitet sind, werden nachfolgend aufgelistet und beschrieben:

- `getElementById()`: Über diese Methode wird der Zugriff auf alle Elemente ermöglicht. Mittels der ID des HTML-Tags kann ein konkretes Element des Webdokumentes angesprochen werden. Der Wert dieses ID-Attributs wird der Methode `getElementById()` als Parameter übergeben. Als Rückgabewert wird eine Referenz auf einen Knoten des Baumes erwartet, der für das angesprochene HTML-Element steht. Darüber können alle Eigenschaften des Elements aufgerufen und manipuliert werden.
- `getElementsByName()`: Diese Methode ist nur für HTML-Elemente erlaubt, die über ein `name`-Attribut verfügen. Dieses Attribut dient in der HTML-Syntax zur Kennzeichnung eines Elementes. Bei der Benutzung der Methode `getElementsByName()` werden stets alle Elemente als Array selektiert. So bezieht sich folgender Java-Script-Beispielcode auf eine Gruppe von Checkboxen:

```
document.getElementsByName("farbe")[0].
                              checked = true;
```

Als Parameter wird der Wert eingegeben, der mit dem Attribut `name` gesetzt wurde. Bei der Methode wird ein Array angewandt, in der die Indexnummer des Elementes eingetragen wird. Die Array-Syntax wird auch angewandt, wenn ein Elementname nur einmal im Webdokument vorkommen sollte. Innerhalb der Webseite könnten zwei Checkbox-Steuerelemente mit dem Namen eingebaut werden, die beispielsweise die Farben 'rot' und 'blau' definieren:

```
< input type="checkbox" name="farbe"
                         value="rot">rot<br>
< input type="checkbox" name="farbe"
                         value="blau">blau<br>
```

- `getElementsByTagName()`: Diese Methode des DOM kann auf jedes HTML-Element einer Webseite zugreifen. Bei der Methode handelt es sich um die XML-Variante des DOM, die über JavaScript-Interpretern der moderneren Browser auch für HTML zugänglich ist. Als Parameter wird der Name des zu bearbeitenden HTML-Elementes angegeben. Das bedeutet, dass jedes Element gleichen Typs im Webdokument angesprochen werden kann. So kann z. B. jedes `<p>`-Tag im Dokument manipuliert werden:

```
document.getElementsByTagName("p")[0].
             firstChild.data= "1ter. Absatz";
document.getElementsByTagName("p")[1].
             firstChild.data= "2ter. Absatz";
```

Bei diesen beiden Zeilen wird auf zwei verschiedene `<p>`-Tags innerhalb einer Webseite zugegriffen. Dabei wird als Parameter die Bezeichnung des zu bearbeitenden Tags genannt. In dem Fall wird p, welches den `<p>`-Tag repräsentiert, angegeben. In einem Array wird die Indexnummer des Tags eingetragen, mit dem der Zugriff auf das relevante Tag geregelt werden kann. Der Wert [0] im Array ändert das erste <p>- Element, während der Wert [1] das zweite `<p>`-Tag anspricht.

Die Tags, die über die Methode `getElementsByName()` angesprochen und verändert werden sollen, können im `<body>`-Bereich des Webdokumentes wie folgt erstellt werden:

```
<body>
<p>Absatz A</p>
<p>Absatz B</p>
...
```

Diese HTML-Elemente verfügen über kein Attribut, mit dem der direkte und individuelle Zugriff getätigt werden kann. Dies wird mit der Methode `getElementsByName()` ermöglicht, die jedoch nur den Zugriff auf das jeweilige Element regelt. Die Weiterverarbeitung geschieht üblicherweise mit der Anwendung von HTML-Elementobjekten. So kann im weiteren Verlauf, z. B. mittels der Eigenschaft `innerText`, auf den Text des Elementes zugegriffen werden.

Die vom Document Object Model angebotenen und vom `document`-Objekt vererbten Eigenschaften und Methoden sind für dynamische Änderungen an einer HTML-Webseite unerlässlich. Eine weitere Möglichkeit zur dynamischen Beeinflussung der HTML-Elemente bietet das `node`-Objekt an. Die Eigenschaft `firstChild.data`, die in dem erstellten Beispiel zum Einsatz kommt, gehört zum `node`-Objekt und wird dazu verwendet, den im Element enthaltenen Text dynamisch abzuändern. Reine HTML-Dokumente können sowohl mit den `document`-Elementobjekten als auch mit dem `node`-Objekt bearbeitet werden. Welches dieser beiden Objekttypen im JavaScript zum Einsatz kommt, ist abhängig von der beabsichtigten Intention. Diese Auswahlmöglichkeit ist bei `XML`-Dokumenten nicht gegeben, da diese nur über das `node`-Objekt manipuliert werden.

Innerhalb der Baumstruktur können über die Eigenschaften und Methoden des `node`-Objektes Tags, Attribute und Attributwerte, die jeweils einen Knoten in der Baumstruktur bilden, ausgewertet werden. Um das `node`-Objekt anwenden zu können, bedarf es eines Knotens, der von den bereits vorgestellten Methoden `getElementById()`, `getElementsByName()`, `getElementsByTagName()` des `document`-Objektes bereitgestellt wird. Darüber ist der Zugriff auf alle Knoten gegeben, so dass alle Elemente innerhalb der Baumstruktur angesprochen, ausgewertet oder verändert werden können [26].

Die wichtigsten Eigenschaften und Methoden des `node`-Objektes können Kap. 4.4.4 entnommen werden.

Der große Vorteil von DOM, der die Anwendung dieser Technologie rechtfertigt, ist der wahlfreie und schnelle Zugriff auf XML- und XHTML-Elemente. Über diese flexible Navigationsmöglichkeit kann innerhalb des Dokumentenbaumes jeder beliebiger Knoten angesprochen, ausgewertet und ggf. manipuliert werden.

Die Informationen des zu bearbeitenden Knotens können über die XMLHttpRequest-Eigenschaften ausgewertet und manipuliert werden. Nach den Änderungen können die neuen Inhalte des Elementes interaktiv in die Webseite eingebunden und vom Webbrowser dargestellt werden, ohne dass ein erneutes Laden der kompletten Webseite notwendig wäre.

Wenn die darzustellenden Daten erst beim Server erfragt werden müssen, ist das XMLHttpRequest-Objekt bei dieser Art der Kommunikation unerlässlich.

4.3.2 XMLHttpRequest

Den Kern einer AJAX-Anwendung bildet das dynamische Nachladen der Daten. Dies wird mit dem in JavaScript integrierten Objekttypen `XMLHttp` ermöglicht. Unter Verwendung von `XMLHttp` kann eine JavaScript-Anwendung beliebige `HTTP`-Anfragen an den Server absenden und den Antwortstatus überwachen. Das Hypertext Transfer Protocol (`HTTP`) ist für den Datenfluss im Internet zuständig und stellt einen zuverlässigen und schnellen Dienst dar. Da es sich bei `HTTP` um ein zustandsloses Protokoll handelt, kann die Verbindung zum Server, nach der Kommunikation zwischen Webclient und -server nicht aufrecht erhalten bleiben [02]. Die Verfolgung einer Sitzung ist daher schwierig zu realisieren. AJAX verfügt über Methoden und Eigenschaften, die dieses Problem umgehen und das Nachladen von weiteren Daten vereinfachen.

Das Prinzip der asynchronen Datenübermittlung wurde im März 1999 von Microsoft im Internet Explorer 5 für die Windows Plattform als `ActiveX`-Objekt eingeführt. Nähere Informationen zur `ActiveX`-Komponente wurden bereits in Kap 3.3 beschrieben.

Mittlerweile wurde das Objekt in jedem modernen Browser verschiedener Plattformen integriert. Bei den Webbrowsern, die nicht von Microsoft stammen, wird das Objekt als XMLHttpRequest bezeichnet. Eine Version dieses Exemplars wurde im Webbrowser Firefox und im Websuite Mozilla 1.0 sowie in einer Erweiterung von Netscape 7.1 implementiert. Apple mit dem Webbrowser Safari 1.2 und Opera Version 7.6 folgten dem Beispiel. Das XMLHttpRequest-Objekt ist eine JavaScript-Technologie, welche für die asynchrone Datenvermittlung und somit für die beeindruckend schnellen und interaktiven Darstellungen neuer Informationen zuständig ist.

Obwohl das Objekt nicht in den formalen JavaScript Spezifikationen erwähnt wird und keinen W3C-Standard darstellt, wird es in jedem gängigen modernen Browser unterstützt. Für alte Webbrowser, die das Objekt nicht unterstützen, sind AJAX-Anwendungen nicht geeignet. Die verschiedenen technischen Entwicklungen der Browser führten dazu, dass das Objekt unterschiedlich in die Browser integriert wurde.

Im Internet Explorer von Microsoft bildet das Objekt eine `ActiveX`-Komponente und wird als XMLHttp bezeichnet. In den Browsern der Gecko-Familie (Mozilla Firefox, Netscape), sowie in den Opera- und Safari-Browsern wird dieses Objekt, wie oben beschrieben, als XMLHttpRequest-Objekt eingesetzt. Als Webentwickler muss diese Unterscheidung berücksichtig werden, da Benutzer unterschiedliche Webbrowser bevorzugen und beide Browserarten in der Praxis verwendet werden. Abbildung 4.15. zeigt eine Statistik über den prozentualen Anteil verwendeter Webbrowser im zweiten Quartal des Jahres 2006.

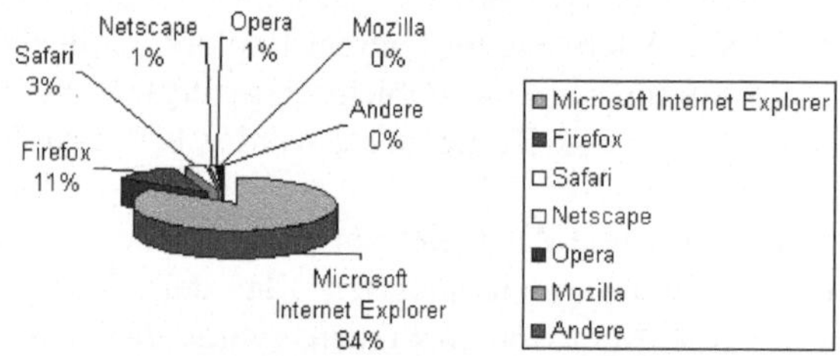

Abb. 4.15. Browserstatistik [o28]

Um eine Verbindung zum Server aufbauen und Daten anfordern zu können, muss zunächst das `XMLHttp`-Objekt erzeugt werden. Dieses kann folgendermaßen realisiert werden:

```
<script language="javascript"
                        type="text/javascript">
var anfrage = new XMLHttpRequest();
</script>
```

Zu Veranschaulichungszwecken wurde dieses Beispiel bewusst einfach gehalten. In der Praxis wäre es so nicht tauglich. Das vereinfachte Beispiel zeigt die Variable `anfrage`, die dem Objekt XMLHttpRequest zugewiesen wird. Diese Zuweisung ist über JavaScript realisiert. Mit dem Schlüsselwort `var` wird der Name `anfrage` als Variable deklariert. Über das Gleichheitszeichen wird der Variablen ein Wert zugewiesen. Der Operator `new` legt eine neue Instanz des Objektes an, die über die Variable `anfrage` angesprochen werden kann.

Schon bei den wenigen Codezeilen wird ein Problem ersichtlich. Der Internet Explorer von Microsoft verfügt über eine alternative Unterstützung des XMLHttpRequest-Objektes, die das erfolgreiche Ausführen des Quelltextes im Internet Explorer verhindern würde. Durch eine Abfrage, die eine Unterscheidung zwischen den verschiedenen Webbrowsern vornimmt, können AJAX-Anwendungen in jedem modernen Webbrowser lauffähig erstellt werden. Solch eine Abfrage könnte wie folgt aussehen:

```
<script language="javascript"
type="text/javascript">
<!– function browsercheck()
{var anfrage = null; //Initialisierung der
Variablen
if(window.XMLHttpRequest) //für Gecko-Browser
{anfrage = new XMLHttpRequest();}
else if(window.ActiveXObject) //für IE-Browser
{anfrage = new
ActiveXObject("Microsoft.XMLHTTP");}
else {return;} //um Fehler zu vermeiden, falls
das Objekt
//nicht verfügbar ist
}
//--></script>
```

Es ist zu beachten, dass zusätzlich zur Differenzierung der beiden Browserarten eine weitere Unterscheidung innerhalb des Zweiges, der den Internet Explorer behandelt, getätigt werden muss. Abhängig von der installierten JavaScript-Version im Microsoft Browser gibt es zwei Möglichkeiten, das Objekt im Internet Explorer anzulegen. Es beruht auf der ActiveX-Komponente und wird über den XML-Parser `msxml` von Microsoft instanziiert. Bei einer Installation des Internet Explorers wird der XML-Parser automatisch installiert [30]. Das `XMLHttp`-Objekt kann über die Dateien `msxml.dll` oder `msxml2.dll` bereitgestellt werden.

Das folgende Beispiel zeigt die beiden Möglichkeiten zur Instanziierung des Objektes im Microsoft Browser:

```
//Versionsunabhängige Methode
anfrage = new
ActiveXObject("Microsoft.XMLHTTP");
//Versionsabhängige Methode
anfrage = new
ActiveXObject("Msxml2.XMLHTTP.4.0");
```

Die beiden Versionen unterscheiden sich in ihren Parametern. Während die eine Methode (`Microsoft.XMLHTTP`) sehr generell gehalten wird und von der verwendeten Browserversion unabhängig arbeitet, zielt die andere Methode speziell auf eine bestimmte Microsoft-Browserversion ab. Dabei gibt der Webentwickler selbst an, um welche Browserversion es sich handeln soll.

Das obere Beispiel ist auf den Internet Explorer 4.0 ausgerichtet. Die Parametrisierung einer speziellen Version schließt alle anderen alternativen Microsoft-Browser aus. Die Instanziierung des Objektes sollte daher in dieser Richtung vermieden werden. Die erste Möglichkeit ist für AJAX-Anwendungen vollkommen ausreichend und sollte bevorzugt eingesetzt werden.

Um zu gewährleisten, dass AJAX-Anwendungen in allen modernen Browsern lauffähig sind, werden die beiden Implementierungsarten der Microsoft-Browserversionen der Objektversion für alle weiteren Webbrowser gegenübergestellt.

```
function browsercheck(){
var anfrage = null;
  try
  {
     anfrage = new
ActiveXObject("MSXML2.XMLHTTP");
  }
  catch(Error)
  {
     try
     {
        anfrage = new
            ActiveXObject("Microsoft.XMLHTTP");
     }
     catch (Error)
     {
         try
         {
          anfrage = new XMLHttpRequest();
        }
        catch (Error)
         {
          alert("Fehler beim Erzeugen des
                                  Objektes");
    }
     }
  }
  return anfrage;
 }
```

Diese Funktion liefert als Rückgabewert eine Referenz auf das XMLHttpRequest-Objekt. Die Variable vom Typ `Object` wird zunächst mit dem Startwert `null` deklariert. Der Vorgang wird als Initialisierung bezeichnet. Im Rumpf der Funktion wird das zum verwendeten Webbrowser passende Objekt gesucht, welches im Erfolgsfall der Variablen `anfrage` zugewiesen wird. Um auftretende Fehler behandeln zu können, findet der Vorgang in einem `try-catch`-Block statt. Diese Ausnahmebehandlung (`Exception Handling`) ist seit der dritten `ECMASkript`-Version verfügbar. Nach dem Schlüsselwort `try` wird der Anweisungsblock ausgeführt, um der Variablen das XMLHttpRequest-Objekt zuzuweisen. In dem Fall werden alle noch folgenden `catch`-Blöcke übersprungen. Bei der Zuweisung eines im jeweils verwendeten Browser nicht lauffähigen Objektes tritt ein Fehler auf. Hierbei wird der Quelltext im `catch`-Block fortgesetzt, um die Ausnahme `(Exception)` aus dem `try`-Block abzufangen [17].

Die Suche nach der korrekten Objektversion in den `try-catch`-Blöcken wird bis zum Ende der Funktion fortgesetzt. Bei erfolgreicher Suche wird der Variablen `anfrage`, die als Rückgabewert der Funktion dient, das XMLHttpRequest-Objekt zugewiesen.

Wenn die Instanziierung des Objektes erfolgreich abgeschlossen wurde, ist der nächste Schritt eine Verbindung zum Server aufzubauen, um Daten vom Server anzufordern. Je nach Interaktion können die in den Textfeldern eingegebenen Werte zunächst ausgelesen werden, um sie dem Server zu übermitteln. Auf das im Kap. 3.1.2 beschriebene Beispiel bezogen, würde der Inhalt des Textfeldes 'Postleitzahl' in einer Variablen gespeichert.

```
var plz = document.getElementById("plz").value;
if ((plz == null) || (plz == "")) return;
```

Das Objekt `document`, über dessen Eigenschaften auf alle Elemente der HTML-Seite zugegriffen werden kann, repräsentiert die Webseite selbst. Die eingegebene Postleitzahl wird über die Methode `getElementById()` ausgelesen. Diese spricht den entsprechenden Tag der Webseite an und kann über dessen ID-Attribut den Inhalt des Elementes zurückliefern. Die zweite Anweisung soll verhindern, dass ein leeres Objekt gesendet wird, falls keine Eingabe getätigt wurde oder ein solches Element nicht auf der Webseite existiert.

Um die Verbindung zum Server aufbauen zu können, muss als nächstes der URL konkret angegeben und gegebenenfalls mit den zu versendenden Variablen dynamisch zusammengebaut werden.

```
var ajaxurl = "/home/ajax.php?plz="+(plz);
```

Eine Verbindung zum Server wird folgendermaßen mit der `open()`-Methode geöffnet:

```
anfrage.open("GET",ajaxurl, true);
```

`open()` bildet eine Methode des XMLHttpRequest-Objektes, welche in Kombination mit der `send()`-Methode bereits für einen gültigen HTTP-Request ausreichend ist. Als erstes Argument der `open()`-Methode wird die Übertragungsart zum Versenden und Anfordern von Daten angegeben. Für den Zugriff auf Serverressourcen werden im HTTP-Protokoll Version 1.1 mehrere unterschiedliche Methoden definiert.

Neben den bekannten Methoden des Hypertext Transfer Protocols (HTTP), wie `GET` und `POST`, können weitere Möglichkeiten wie `PUT`, `HEAD`, `OPTIONS`, `DELETE` oder `TRACE` eingesetzt werden [o24].

- `GET`
  Diese Request-Methode weist den Server an, die in dem URL angegebenen Daten an den Webbrowser zu senden. Die Daten können dem Zielpfad als Zeichenfolge und durch ein Fragezeichen getrennt angehängt werden. Über eine Umgebungsvariable, dem so genannten `QUERY_STRING`, kann `GET` ebenfalls Daten anfordern [20]. Solche Daten können z. B. eingegebene Werte oder die dazugehörige Bezeichnung bestimmter Textfelder in einem Webformular sein. Diese Methode wird in der Praxis häufig verwendet. Da die Länge des URL eingeschränkt ist und durch das Hinzufügen weiterer Datenmengen überschritten werden kann, könnte diese Vorgehensweise aber zu Problemen führen.
- `POST`
  Diese Methode dient der Übertragung von Daten an den Server und wird häufig beim Ausfüllen von Formularen und bei Datenbankzugriffen verwendet. Der Name und der dazugehörige Wert eines Feldes werden mit anderen weiteren Daten in einem Datenstrom zusammengefügt und im Body des HTTP-Requests an den Server übermittelt. Die zu übermittelnden Daten werden in der Adressleiste des Webbrowsers nicht angezeigt, womit diese Übertragungsart deutlich sicherer ist als die `Get`-Methode.
- `PUT`
  Über dieses Verfahren können, ähnlich wie bei der Methode `POST`, Daten an den Webserver versendet werden. Um diese Übertragungsmethode verwenden zu können, muss der Webentwickler über Zugriffsberechtigungen für den Server verfügen. Die Methode `PUT` stellt jedoch ein erhöhtes Risiko dar, da bei der Datenübertragung auf lokale Datensysteme zugegriffen werden kann.
- `HEAD`
  Der `HEAD`-Request ist vergleichbar mit der `GET`-Methode. Der Unterschied zwischen den beiden Verfahren besteht

darin, dass mittels `HEAD` nur die Informationen zum `HTTP`-Kopf des im Zielpfad angegebenen Objektes abgerufen werden.

- `OPTIONS`
  Über `OPTIONS` kann der Webbrowser eine Auflistung der Methoden anfordern, die vom Server unterstützt werden.
- `DELETE`
  Mit dieser Methode können wahlweise Objekte auf dem Server gelöscht werden.
- `TRACE`
  TRACE ermöglicht den Test der Serververbindung. Der Server sendet die Daten der Anfrage über den Body von HTTP-Response an den Browser zurück.

Die bekannteren Übertragungsmethoden `GET` und `POST` sind diejenigen, die bei der Verwendung von AJAX vermehrt zum Einsatz kommen. Die Nutzung der anderen beschriebenen Methoden ist bei AJAX eher untypisch.

Nachdem die Übertragungsmethode gewählt wurde, wird als zweiter Parameter die Zieladresse des URL angegeben. In dem oben genannten Beispiel wurde die Variable `ajaxurl` erstellt, welche dem Zielpfad zugewiesen wird. Diese Variable wird bei der `open()`-Methode als Argument übergeben. Bei Erstellung des Zielpfades ist zu beachten, dass dieser sich aus sicherheitstechnischen Gründen in derselben Domäne befinden muss wie die angeforderte Webseite.

Der dritte Parameter ist ein boolescher Wert und bestimmt die Art der Kommunikation. Dabei wird zwischen asynchroner und synchroner Übertragungsmöglichkeit unterschieden. Wird der Wert auf `false` gesetzt, findet eine synchrone Kommunikation statt. In diesem Fall ist der weitere Programmablauf so lange blockiert, bis die vom Server angeforderten Daten eintreffen. Bei hohen Datenmengen kann dieser Vorgang zu langen Wartezeiten führen und den Eindruck beim Benutzer erwecken, dass die Anwendung unvorhergesehen abgebrochen wurde (vgl. Kap. 3.2).

Wird der boolesche Wert auf `true` gesetzt, so wird eine asynchrone Kommunikation stattfinden. Diese Einstellung sollte bei AJAX-Anwendungen bevorzugt getätigt werden, da das dynamische Nachladen weiterer Daten im Hintergrund der Anwendung erst damit ermöglicht wird. Dabei wird nur der relevante Teil des Webdokumentes aktualisiert. Die restlichen Bereiche der Webseite sind von der Kommunikation nicht betroffen und können unabhängig vom Eintreffen einer Serverantwort verwendet werden. Dieses Vorgehen führt zu einer erheblich schnelleren Kommunikation zwischen Browser und Server, da weniger Daten übertragen werden müssen. Zusätzlich kann der aktuelle Status einer Anfrage überwacht werden, um gegebenenfalls auf eintreffende Aktionen zu reagieren (vgl. Kap. 5.2).

Die angeforderte Serverantwort ist aufgrund der Transaktion zwischen Client und Server nicht direkt verfügbar. Die Antwortzeit des Servers muss bei der Erzeugung einer AJAX-Anwendung berücksichtigt werden. Es ist unwahrscheinlich, dass die Antwort rechtzeitig der AJAX-Engine zur Verfügung steht, um direkt bearbeitet werden zu können. Daher ist es von Vorteil, den Übertragungsfortschritt der Serverantwort zu überprüfen, um auf das Eintreffen der Antwort zu reagieren. Der aktuelle Status einer Anfrage kann über die Callback-Funktion `onreadystatechange` abgefragt werden. Diese Eigenschaft des XMLHttpRequest-Objektes bildet einen Event-Handler. Ein Funktionsobjekt wird, wie man dem folgenden Codebeispiel entnehmen kann, dem Event-Handler `onreadystatechange` zugewiesen und immer dann aufgerufen, wenn sich der Status einer Anfrage ändert:

```
anfrage.onreadystatechange = aktualisiereSeite;
```

Die Funktion `aktualisiereSeite` gibt Aufschluss über den aktuellen Status des XMLHttpRequest-Objektes. Unter Verwendung von verschiedenen Eigenschaften können die Informationen zur aktuellen Datenübertragung in Echtzeit abgefragt werden. Mit dem Feld `readyState` kann der HTTP-Status zur aktuell stattfindenden Transaktion wiedergegeben werden. Weitere Eigenschaften wie `status` und `statusText` können zusätzlich Auskunft über den aktuellen Kommunikationsstatus geben. In der Tabelle 4.3 [01] werden neben diesen Eigenschaften des XMLHttpRequest-Objektes weitere aufgelistet, die bei Anwendungen des AJAX-Konzeptes zum Einsatz kommen könnten.

Tabelle 4.3. Standard XMLHttpRequest-Eigenschaften

Eigenschaften	Beschreibung
onreadystatechange	Event-Handler, der bei jeder Änderung des Kommunikationsstatus ausgeführt wird. Die Veränderung des Status wird über die Eigenschaft `readyState` angegeben.
responseText	In dieser Eigenschaft wird die Serverantwort als Text hinterlegt. Wenn ersichtlich ist, dass die Daten nicht im XML-Format vorliegen, wird `responseText` angewandt.
readyState	Der aktuelle Status des HTTP-Requests wird zurückgeliefert. Dieser kann sich innerhalb einer Transaktion mehrfach verändern. Bis zur Beendigung einer Anfrage können folgende Werte angenommen werden:

Tabelle 4.3. Fortsetzung

Eigenschaften	Beschreibung		
	Wert	**Bedeutung**	**Beschreibung**
	0	`uninitialized`	Es wurde noch keine Verbindung hergestellt. Das XMLHttpRequest-Objekt wurde noch nicht initialisiert.
	1	`loading`	Das Objekt wurde initialisiert. Eine Anfrage wurde noch nicht gesendet.
	2	`loaded`	Die Anfrage wurde durch die Methode `send()` an den Server gesendet. Die Serverantwort steht zur Auswertung noch nicht bereit.
	3	`interactive`	Die Übertragung der Serverantwort findet momentan statt. Über die Eigenschaften `responseText` und `responseXML` können Teildaten bereits abgerufen werden.

Tabelle 4.3. Fortsetzung

<table>
<tr><th>Eigenschaften</th><th colspan="3">Beschreibung</th></tr>
<tr><td></td><td>4</td><td><code>complete</code></td><td>Die Kommunikation mit dem Server wurde erfolgreich abgeschlossen, d.h., es ist kein Fehler bei der Datenübertragung aufgetreten.</td></tr>
<tr><td>responseXML</td><td colspan="3">In diesem XML-Objekt sind die vom Server gesendeten Daten als XML-Daten abrufbar. Liegen die Daten nicht im XML-Format vor, so wird der Wert dieser Eigenschaft auf <code>null</code> gesetzt. Die meisten AJAX-Applikationen verwenden XML als Dateiformat. Daher sollte zur Verarbeitung der Serverantwort <code>responseXML</code> bevorzugt eingesetzt werden.</td></tr>
<tr><td>Status</td><td colspan="3">Enthält den HTTP-Status der Serverantwort als numerischen Wert (der Wert <code>200</code> steht z. B. für eine erfolgreiche Transaktion oder <code>401</code> für einen unberechtigten Zugriff).</td></tr>
<tr><td>statusText</td><td colspan="3">Der HTTP-Status der Antwort (<code>reponse</code>) wird als Text hinterlegt.</td></tr>
</table>

Der Event-Handler `onreadyStatechange` wird noch vor dem Aufruf der `send()`-Methode der Funktion `aktualisiereSeite` zugewiesen. Die Funktion `aktualisiereSeite` selbst wird nach der `send()`-Methode erstellt, da zunächst der Request an den Server gesendet werden muss, bevor eine Antwort überhaupt interpretiert werden kann.Die `send()`-Methode schliesst einen HTTP-Request in AJAX ab. Sie sendet den erstellten Request an den Webserver. Als Argument wird der Wert `null` übergeben. Die zu versendenden Werte werden, wie in diesem Fall die Postleitzahl, beim Erstellen des URL angegeben und der `open()`-Methode als Parameter übergeben. Daher ist eine weitere Erwähnung der Daten in der `send()`-Methode nicht notwendig.

Nachdem über die `send()`-Methode der Request gesendet wurde und die serverseitige Bearbeitung abgeschlossen ist, muss die Serverantwort verwertet werden. Dabei können die oben genannten Eigenschaften des XMLHttpRequest-Objektes verwendet werden (vgl. Tabelle 4.3.). Neben den erwähnten Funktionen `send()`und `open()`, die für einen erfolgreichen Request unabdingbar sind, können weitere Methoden des Objektes benutzt werden. Die vom XMLHttpRequest-Objekt bereitgestellten Methoden können Tabelle 4.4. [01] entnommen werden.

Tabelle 4.4. Standard XMLHttpRequest-Methoden

Methoden	Beschreibung
abort()	Die aktuelle Serveranfrage wird unterbrochen.
getAllResponse Headers()	Alle Header werden in einer Zeichenkette zurückgegeben.
getResponse Header("Name")	Gibt den Wert eines speziellen Headers zurück.
open("method"," URL", [Flag])	Der HTTP-Request wird zur gewünschten Zieladresse geöffnet. Dabei werden der Methode die Kommunikationsart und die Zieladresse als Parameter übergeben. Optional kann auch die Vorgehensweise definiert werden. Wird dieser Wert nicht gesetzt, so findet eine asynchrone Datenübertragung statt. Weitere optionale Parameter bilden der Benutzername und das Passwort.
send(content)	Sendet einen HTTP-Request an den Server. Als Parameter wird bei der Kommunikationsmethode `GET` null übergeben, während bei `POST` ein Query-String erwartet wird.
setRequest-Header ("name","value")	Diese Eigenschaft spezifiziert einen HTTP-Header. Dabei werden der Name und der Wert eingetragen.
setMimeType ("mimetype")	Der Mimetyp der angeforderten Daten wird gesetzt. MIME bildet einen Internet-Standard, mit dem Dateitypen bei der Kommunikation zwischen Webservern und –browsern spezifiziert werden. Anhand einer Liste, die aus mehreren MIME-Typen besteht, kann der Client den korrekten Typen für die übermittelten Daten auswählen. [34] Diese Methode wird vom Internet Explorer nicht unterstützt.

Relevant für die Fortsetzung des Webskriptes ist der Wert der Eigenschaft `readyState`. Die Überprüfung dieses Wertes sollte daher in jeder AJAX-Anwendung durchgeführt werden. Die Funktion `aktualisiereSeite()`, die bei jeder Statusänderung aufgerufen wird, führt solch eine Überprüfung durch. Der Wert 4 `(=completed)` deutet auf das erfolgreiche Abschließen eines HTTP-Requests hin, welcher erst die Auswertung der übermittelnden Serverantwort ermöglicht.

```
function aktualisiereSeite(){
if (anfrage.readyState == 4){
if (abfrage.status == 200) {
var anwort = anfrage.responseText;
document.getElementById("plz").value = antwort;
}
else {
alert ('Es ist ein Problem mit der
Serveranfrage aufgetreten');
}
}
```

Um zu gewährleisten, dass der Request fehlerfrei abläuft, wird zusätzlich eine weitere Überprüfung anhand der Eigenschaft `status` vorgenommen. Sollte der HTTP-Status der Verbindung den Wert '200' annehmen, so liegen die angeforderten Daten der Serverantwort unbeschadet vor. Ist das nicht der Fall, können über die AJAX-Eigenschaften (vgl. Tabelle 4.3) Informationen zum aufgetretenen Fehler ausgelesen werden. Bei einem erfolgreichen Ablauf der Funktion werden die Anweisungen im Rumpf ausgeführt.

In dem oben genannten Beispiel wird der relevante Teil der Webseite, der Inhalt des Postleitzahl-Textfeldes, dynamisch nachgeladen, was zu einer interaktiven und schnellen Arbeitsweise führt. Die Webseite wird dabei aktualisiert, ohne dass ein Steuerelement wie z. B. der Submit-Button betätigt wurde.

Beim klassischen Verfahren löst der Benutzer durch eine Interaktion die Kommunikation zwischen Webclient und -server aus. Nachdem die angeforderten Daten vom Server an den Webbrowser gesendet wurden, wird die Kommunikation beendet und erst wieder bei einer erneuten Benutzerinteraktion aufgenommen. Zwischen solchen Aktionen findet in der Regel kein Datenaustausch zwischen Client und Server statt. In AJAX ist die Kommunikation nicht auf vom Benutzer ausgelöste Ereignisse beschränkt. Zusätzlich zu den Aktionen, die vom Web-Anwender ausgehen, wird über die AJAX-Engine in regelmäßigen Abständen der Server kontaktiert. Diese Methode sorgt für das schnelle Nachladen relevanter Daten (vgl. Abb. 4.16.).

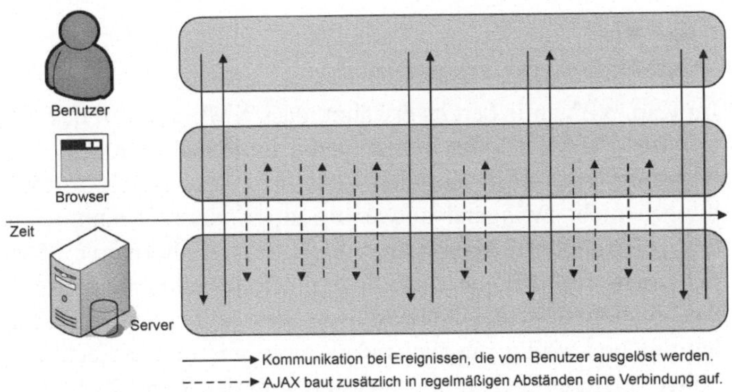

Abb. 4.16. Kommunikation zwischen Client und Server

In der Funktion `aktualisiereSeite()`, die für die Verarbeitung der Serverantwort zuständig ist, wird der Variablen `antwort` der Inhalt der Serverantwort über die Eigenschaft `responseText` zugewiesen. Die angeforderten Daten können über die XMLHttpRequest-Eigenschaften, d.h. über `respon-`

seText als Text oder über responseXML als XML-Daten ausgewertet werden.

In diesem einfach gehaltenen Beispiel reicht die Eigenschaft responseText vollkommen aus. Die meisten AJAX-Anwendungen verwenden jedoch die Eigenschaft responseXML, um die bereitgestellte XML-Nachricht über JavaScript mit DOM einfacher auswerten zu können. XML ist besonders bei komplexeren Antworten angebracht, um die Daten sinnvoll strukturiert übertragen zu können. Im weiteren Verlauf der Funktion aktualisiereSeite() wird der Inhalt der Variablen antwort mittels getElementById und dessen Eigenschaft value dem entsprechenden Textfeld der Webseite zugewiesen.

4.4 XML

Im Kap. 3.2 wurde bereits erwähnt, dass XML ein Teil des Akronyms „AJAX" bildet. Festzuhalten ist jedoch, dass die Anwendung von XML bei der Erstellung von AJAX-Anwendungen nicht zwingend notwendig ist. Andere Technologien, wie HTML oder insbesondere JSON, bieten alternative Möglichkeiten zu XML an (vgl. Kap. 3.2). Bei einfachen AJAX-Applikationen ist die Nutzung von reinem Text oder HTML legitim und völlig ausreichend. Ambitionierte und technisch höher versierte Programme verwenden in der Regel XML oder JSON, da diese Technologien mehr Möglichkeiten bei der Datenverarbeitung mit sich bringen.

Dieser Abschnitt beschäftigt sich mit den Grundlagen von XML. Das Datenformat XML (eXtensible Markup Language) erlaubt den Austausch von Informationen und wird bei AJAX-Applikationen sowohl auf der Server- als auch auf der Clientseite benötigt. Serverseitig wird die Antwort im XML-Format kreiert und für den Client bereitgestellt. Dieser muss in der Lage sein, XML interpretierten zu können, um die Serverantwort im Webbrowser weiterzuverarbeiten.

4.4.1 Abgrenzung zwischen HTML und XML

XML stellt eine Meta-Auszeichnungssprache dar und entstammt, wie HTML, aus der Metasprache SGML (vgl. Abb. 4.2.). Im Jahre 1998 wurde XML vom W3-Konsortium zum offiziellen Standard ernannt [o37]. Die Syntax von XML ähnelt der von HTML. Es gibt jedoch große Unterschiede, da XML aus einer komplett anderen Datenstruktur besteht.

Als Meta-Auszeichnungssprache werden keine Tags mit fester Bedeutung verwendet. Die vorgegebene Grammatik einer bestimmten Markup-Sprache definiert die Struktur und die Elemente, die in dieser Sprache verwendet werden dürfen. Nach diesem Verfahren arbeitet beispielsweise HTML. Die Auszeichnungssprache HTML besteht aus Tags, welche über die Metasprache SGML vordefiniert und bereitgestellt werden. XML kann als Metasprache semantische Sprachelemente, d.h. Tags mit einer bestimmten Bedeutung, einbinden und die Grammatik angeben, die bestimmt, nach welchen Regeln die Tags definiert werden können [36].

Den Unterschied zwischen HTML- und XML-Syntax beschreiben folgende kleine Programme:

- HTML:

```
<html>
<head><title>Blutgruppe</title></head>
<body>
<p>A positiv</p>
</body>
</html>
```

- XML:

```
<Blutgruppe>
<ab0System>A </ab0System>
<rhesus>positiv</rhesus>
</Blutgruppe>
```

In beiden Fällen wird der Text 'A positiv' ausgegeben. Während das HTML-Programm auf die bekannten Elemente und vordefinierten Tags zurückgreift, werden in der XML-Spezifikation eigene Definitionen mit eigenem Vokabular für einen bestimmten Anwendungszweck erzeugt.

Die Tags `<Blutgruppe>`, `<ab0System>`, `<rhesus>` bilden eigenständige Elemente und werden zur Nennung der Blutgruppe definiert. Das erzeugte Gebilde aus Elementen bildet eine Baumstruktur [33]. Alle XML-Dokumente liegen in dieser Form vor und ermöglichen die Navigation innerhalb des Baumes (vgl. Kap. 4.3.1.).

4.4.2 Der Aufbau von XML

Damit ein Dokument als XML-konform gelten kann, müssen syntaktische Regeln eingehalten werden. XML gilt als Metasprache für XHTML und stellt dieser Vorgaben zur Verfügung (vgl. Abb. 4.3.). Das Prinzip der Fehlertoleranz, welches im Kapitel XHTML beschrieben wurde, wird bei XML ebenfalls nicht angewendet. So muss z. B. jedes Element zwingend geschlossen werden, d.h. über eine Endmarkierung verfügen. Weitere Bedingungen, die zu dem Regelwerk gehören, wurden bei der Unterscheidung zwischen HTML und XHTML aufgelistet (vgl. Kap. 4.1.).

Wenn diese Regeln eingehalten und nicht verletzt werden, gilt das Dokument als wohlgeformt. Diese Eigenschaft ist eine Prämisse für XML-Dokumente. Ist ein Dokument nicht wohlgeformt, so können die sich im Dokument befindlichen Dateien nicht in AJAX-Anwendungen eingebunden werden. Die AJAX-Engine kann nur regelkonforme Dokumente parsen und die Elemente mittels JavaScript und DOM manipulieren.

Neben der Wohlgeformtheit spielt die Gültigkeit eine wichtige Rolle. Gültig ist ein XML-Dokument, wenn es Regeln einer weiteren Grammatik folgt, die in einem XML-Schema oder einer DTD-Datei definiert wurden. Dazu muss eine DOCTYPE-Deklaration eingebunden werden, die auf eine der drei DTDs (Document Type Definition), Strict, Transitional oder Frameset, verweist. In einer DTD können weitere Regeln bestimmt werden, die genau beschreiben, welche Elemente im Dokument benutzt werden dürfen und wie der Inhalt und die Attribute der Elemente auszusehen haben [11]. Eine DTD ist bei AJAX-Applikationen nicht zwingend erforderlich. So spielt die Gültigkeit, im Gegensatz zur Wohlgeformtheit, bei AJAX eine sekundäre Rolle. Neben der Einbindung des Headers ist die syntaktische Korrektheit von Bedeutung. Der Aufbau einer für AJAX relevanten XML-Datei (auf eine DTD wird an dieser Stelle verzichtet) sieht wie folgt aus:

```
<?xml version="1.0" ?>
<fachhochschule>
  <vorlesung>
    <bezeichnung>Softwaretechnik</bezeichnung>
    <termin>
      <Zeitpunkt>Montag 08.15h</zeitpunkt>
      <raum>B.E.01</raum>
    </termin>
    <bezeichnung>MCI</Bezeichnung>
    <termin>
      <zeitpunkt>Dienstag 10.15h</zeitpunkt>
      <raum>A.1.03</raum>
    </termin>
  </vorlesung> </fachhochschule>
```

Dem Quelltext kann der Aufbau einer Baumstruktur entnommen werden. XML ist bei der Erstellung von Tags nicht eingeschränkt. Dieses kleine Beispiel zeigt jedoch, dass die Freiheit bei der Erstellung der XML-Tags zur Erzeugung von unnötigen Elementen verführt. Durch die Verwendung von Attributen und Attributwerten können einige Child-Elemente der erstellten Baumstruktur entfernt werden:

```
<?xml version="1.0" ?>
<fachhochschule>
  <vorlesung bezeichnung="Softwaretechnik"
 zeitpunkt="Montag 08.15h"
 raum="B.E.01" />
  <vorlesung
 bezeichnung="MCI"
                zeitpunkt="Dienstag 10.15h"
 raum="A.1.03" />
</fachhochschule>
```

Im Gegensatz zur oberen Version werden die konkreten Daten nicht zwischen den Tags erstellt, sondern direkt in den Elementen mit dem dazugehörigen Attribut als Attributwert integriert. Die erste Zeile bildet den Prolog, der aus dem Attribut `version` und dem dazu zugewiesenem Wert `1.0` besteht. Dem Webbrowser wird dadurch mitgeteilt, dass die Webseite mit XML 1.0 erstellt ist. Optional können weitere Attribute wie die Kodierung hinzugefügt werden. Dazu würde der Prolog, auch als Header bezeichnet, mit dem Attribut `encoding` erweitert werden. Der dazugehörige Wert wäre beispielsweise `UTF-8` [o51] oder `ISO-8859-1` [o47]. Wird das Attribut nicht eingefügt, so wird automatisch der Unicode-Zeichensatz angewendet.

4.4.3 XML und XSL

Ein wohlgeformtes XML-Dokument verfügt über ein Wurzelelement, im unteren Beispiel das Element `<fachhochschule>`, welches als Ausgangspunkt für alle weiteren Elemente dient. Unter Verwendung von Stylesheets im Format CSS oder XSL (vgl. Kap. 4.2) können für das Wurzelelement Formatvorlagen definiert werden, die das Aussehen im Einzelnen beschreiben. Die gestalterischen Definitionen des Wurzelelementes können auf alle untergeordneten Elemente vererbt werden. Der folgende Ausschnitt eines CSS-Codes erstellt eine Formatvorlage für das Wurzelelement `fachhochschule`:

```
fachhochschule {
background-color: blue;
color: white;
font-size: 18pt;
font-family: cursive;
}
```

Wie beschrieben kann beim Erstellen von Stylesheets XSL alternativ zu CSS verwendet werden. Da im Kap. 4.2 der Ablauf des Konzeptes näher erläutert wurde, wird an dieser Stelle XSL anhand eines Beispiels beschrieben. Dabei wird auch der Bestandteil XSLT (Extensible Stylesheet Language for Transformation) [o07], eine Transformationssprache zur Manipulation von Tags und Attributen, verwendet. XSLT bildet eine wohlgeformte XML-Datei mit der Deklaration eines Namensraumes, welcher auf `"http://www.w3.org/1999/XSL/ Transform"` verweist. Ähnlich wie bei CSS werden Formate definiert, die als Vorlage dienen. Dazu wird in der XML-Datei aus dem letzten Abschnitt mit der Zeile: `<?xmlstylesheet type= "text/xsl" href="vorlesung.xsl"?>` ein Verweis auf die XSL-Datei erstellt.

Die passende XSL-Datei kann wie folgt aussehen:

```
<?xml version='1.0'?>
<xsl:stylesheet version="1.0" xmlns:xsl=
"http://www.w3.org/1999/XSL/
Transform">
<xsl:template match="/">
<html>
 <head>
  <title>Vorlesung</title>
 </head>
 <body>
  <xsl:for-each select="//vorlesung" >
  <table width="50%" border="1" >
   <tr>
    <td width="40%" style="font-size:20pt;
font-family: cursive; background-color:
    red; "><xsl:value-of
select="./@bezeichnung" />
    </td>
    <td width="40%" style="font-size:12pt;
        font-family: Verdana; background-color:
        yellow; "><xsl:value-of select="./
                                   @zeitpunkt" />
    </td>
    <td width="20%" style="font-size:12pt;
        font-family: Verdana; background-color:
       green; "><xsl:value-of
                              select="./@raum" />
    </td>
   </tr>
  </table>
  </xsl:for-each>
</body>
</html>
</xsl:template>
</xsl:stylesheet>
```

Durch Kombination dieser beiden Dokumente erhält man die in Abb. 4.17. dargestellte grafische Oberfläche.

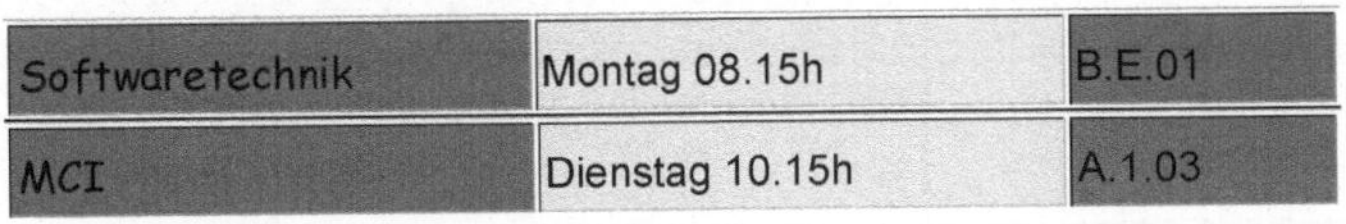

Softwaretechnik	Montag 08.15h	B.E.01
MCI	Dienstag 10.15h	A.1.03

Abb. 4.17. Mit XML und XSL erstellte Oberfläche

Die erstellte XSL-Datei macht deutlich, dass XML nicht als Konkurrenz zu HTML angesehen werden kann. Die Metasprache XML nutzt vielmehr die bereits vorhandene Infrastruktur von HTML und erweitert diese. Bestehende HTML-Tags werden dabei nicht durch neue, selbst definierte XML-Elemente ersetzt. In HTML wird festgelegt, welche Bedeutung jedes Tag und jedes Attribut hat. Im Gegensatz dazu trennt XML Daten und deren Darstellung im Browser. Eine XML-Anwendung besteht daher immer aus zwei Dateien. Die XML-Datei strukturiert die Daten, während der Inhalt über eine weitere XSL- oder CSS-Datei erstellt und interpretiert wird.

4.4.4 XML per DOM verarbeiten

Der Zugriff auf XML-Dokumente zwecks Weiterverarbeitung und Manipulation erfolgt über das bereits bekannte Document Object Model. Durch bereits bestehende Methoden und Objekte, allen voran über das `Node`-Objekt, erfolgt die Navigation innerhalb des gesamten Dokumentenbaumes, wodurch Informationen über die einzelnen Dokumentenbereiche bereitgestellt werden können (vgl. Kap. 4.3.1). Das oberste Wurzelelement in einem wohlgeformten XML-Dokument bildet das `document`-Objekt, von dem aus alle Bereiche der Webseite aufrufbar sind.

Tabelle 4.5. Knoteneigenschaft des DOM

Eigenschaften	Beschreibung
Attributes	IDL-Attribut enthält eine Liste eines Knotens vom Typ Element
childNodes	Enthält eine geordnete Liste mit Kindesknoten dieses Knotens
firstChild	Erstes Kind eines Knotens
lastChild	Letztes Kind eines Knotens
localName	Gibt den lokalen Anteil des Knotennamens wieder
namespaceURI	Der URI des Namensraums des Knotens
nextSibling	Enthält einen Verweis auf den nächsten Knoten
nodeName	Enthält den Namen des Knotens
nodeType	Der konkrete Typ des Knotens, enthält eine Konstante
nodeValue	Ermittelt den Inhalt oder den Wert des Knotens
ownerDocument	Enthält eine Referenz auf das `document`-Objekt, zu dem der Knoten gehört
parentNode	Enthält eine Referenz auf den Elternknoten
prefix	Das Präfix des Namensraums, in dem sich der Knoten befindet
previousSibling	Enthält eine Referenz auf den Elternknoten

Dazu werden die Methoden des Node-Objektes benötigt, welches vom document-Objekt abgeleitet wird. Node bildet eine Basisschnittstelle von DOM, von der aus alle Unterelemente der Baumstruktur abgeleitet werden. In Tabelle 4.5. stehen alle Node-Eigenschaften, die für die Erzeugung von AJAX-Applikationen relevant sein können [37].

Um beispielsweise den Namen des letzen Kindesknotens auslesen zu können, ist die Codezeile document.lastChild.nodeName nötig, die schnell und ohne weiteren Aufruf von Operationen das Ergebnis liefert. Mit Hilfe von bereitgestellten Methoden der Node-Schnittstelle können Knoten bearbeitet, verändert oder gelöscht werden. Durch diese Manipulation wird die Lage des Knotens innerhalb des Baumes verändert, was direkt zu einer Änderung seiner Eigenschaften führt. In Tabelle 4.6. sind die wichtigsten Methoden abgebildet [37].

Die genannten Eigenschaften und Methoden der Node-Schnittstelle zur Verarbeitung der XML-Daten können mit weiteren Methoden des DOM, wie getElementById(), getElementsByName() und getElementsByTagName() kombiniert werden, um einzelne Knoten der Baumstruktur gezielt selektieren und manipulieren zu können. (vgl. Kap. 4.3.1.2). Damit wird beispielsweise die Transformation von XML-Daten in XHTML ermöglicht, um diese in das bestehende Dokument zu integrieren. Somit können über das XMLHttpRequest-Objekt asynchron nachgelandene XML-Daten in die Webseite mit eingebunden werden (vgl. Kap 4.3.2).

Tabelle 4.6. Knotenmethode des DOM

Methoden	**Beschreibung**
appendChild	Hängt einen Knoten am Ende eines anderen Knotens an
cloneNode	Erzeugt eine Kopie des aktuellen Knotens
hasChildNodes	Überprüft, ob ein Knoten über Kindesknoten verfügt
insertBefore	Fügt einen Knoten vor einem anderen Knoten ein
normalize	Verschmelzt aufeinander folgende Knoten zusammen
removeChild	Entfernt einen Knoten aus der Baumstruktur
replaceChild	Ersetzt einen Knoten durch einen anderen

5 Herausforderungen

AJAX ist zwar keine neue beeindruckende Technologie, dennoch treibt sie eine aktuelle Generation von Web-Applikationen an, indem die volle Ausschöpfung und neue Kombination der schon lange vorhandenen Potenziale bestehender Webtechniken ausgenutzt wird. So hoch auch das Konzept momentan in vielen Rezensionen gepriesen wird, sind dennoch einige Lücken vorhanden, die geschlossen werden müssen.

In diesem Kapitel werden das bisher Erreichte und die noch zu bewältigenden Herausforderungen der AJAX-Technologie strukturiert aufgezählt und diskutiert.

5.1 Erreichtes

- Interaktivität:
  Beim AJAX-Prinzip fällt bei der Aktualisierung einer Webseite das erneute Laden der kompletten Webseite, wie es bei der klassischen Vorgehensweise üblich ist, weg. Durch das asynchrone Verfahren wird nur der relevante Bereich der Webseite dynamisch verändert, was zu einem schnellen und interaktiven Ablauf führt. Im günstigsten Fall können die Änderungen in Echtzeit vorgenommen werden. Das Verschicken von parallel laufenden HTTP–Requests ist durch die Asynchronität gewährleistet.
  Mit AJAX kann flexibler auf spontane Benutzerinteraktio-

nen reagiert werden. So ist z. B. eine Gültigkeitsüberprüfung oder eine Vervollständigung von eingegebenen Daten direkt nach der Benutzereingabe möglich, ohne dass zunächst die Betätigung des Bedienelements (`Submit`-Button) erfolgen muss, welches normalerweise die Daten zum Server erst übermittelt. Bei der Datenkommunikation zwischen Client und Server werden Wartezeiten bezüglich der Serverantwort vermieden, da nur die für die Anfrage relevanten Daten aus der Datenbank angefordert werden. Dies verringert das Risiko von Kommunikationsabbrüchen. Statische Daten, die von Änderungen nicht betroffen sind, werden nicht übertragen, was zu einer Entlastung des Servers führt. Das Hochladen (`upload`) von größeren Datenmengen kann auch beim AJAX-Konzept zu unvermeidlich längeren Übertragungszeiten führen. Während der Server die Daten überträgt, ist AJAX in der Lage, mit diesem zu kommunizieren, um eine Rückmeldung über den aktuellen Übertragungsstatus anzufordern. Mit Hilfe eines Fortschrittsbalkens kann dem Benutzer somit die permanent fortschreitende Datenübertragung verdeutlicht werden.
Die Schaffung von Benutzungsoberflächen (`GUI`), die Desktop-Anwendungen ähneln, führt zu mehr Komfort. Die Verwendung von typischen Steuerelementen und Verhaltensschemata aus dem Desktopbereich, wie z. B. Drag & Drop oder einem Fortschrittsbalken, kann dazu führen, dass zunehmend mehr Desktop-Applikationen ins Web verlagert werden, was im Hinblick auf mobile Geräte sicherlich nützlich ist.

- Verwendbarkeit:
  AJAX ist unabhängig von den verwendeten Betriebssystemen und basiert auf Standardtechnologien. Unter der Prämisse, dass JavaScript aktiviert ist, ist das Konzept auf allen modernen Webbrowsern lauffähig. Die Implementierung

von zusätzlichen Plug-Ins oder browserspezifischen Eigenschaften ist nicht notwendig.

- Webentwicklung:
  Für Webentwickler, die AJAX verwenden möchten, ist das Erlernen von neuem Fachwissen nicht erforderlich. Lediglich werden Kenntnisse aus bekannten Technologien, deren AJAX sich bedient, wie z. B. JavaScript oder DHTML benötigt. Die Erweiterung oder Änderung einer bereits bestehenden AJAX-Anwendung kann ohne größere Installationsroutinen vollzogen werden. Sollte sich die AJAX-Applikation seit dem letzten Besuch eines Webbenutzers verändert haben, so wird die aktualisierte Applikation automatisch angezeigt.
- Kostensenkung:
  Das Prinzip des dynamischen Nachladens führt dazu, dass sich das übermittelte Datenvolumen im Gegensatz zur klassischen Vorgehensweise rückläufig entwickelt. Dies führt zur Verringerung der Serverlast und somit zur Senkung der Hostingkosten.
- Fehleranfälligkeit:
  Das Auftreten eines Fehlers führt nicht zwangsläufig zum Abbruch der Anwendung. Ein Fehler bezieht sich bei AJAX nur auf einen bestimmten Teil der Webseite. Die anderen Teilbereiche sind davon nicht betroffen, so dass auf diese weiterhin zugegriffen werden kann. Mittlerweile gibt es für die Fehlersuche (`debugging`) hilfreiche Werkzeuge, die es einem Webentwickler erleichtern, die Defizite zu beseitigen. Die Verwendung solcher Werkzeuge ist vom Webbrowser abhängig. Beim Internet Explorer ist der Windows Script Debugger eine gute Wahl, während beim Mozilla Firefox Browser das Programm FirBug zum Debuggen verwendet werden kann.
- Framework:
  Durch Verwendung von Funktionsbibliotheken, so genannten Frameworks, kann auf bereits getestete Lösungen zu-

rückgegriffen werden. Dies erspart dem Entwickler viel Zeit und Mühe (vgl. Kap. 6).

- Serverseite:
  Ein großer Vorteil beim AJAX-Konzept bildet die Sprachunabhängigkeit auf der Serverseite. AJAX legt explizit keine Vorgaben bezüglich der Serversprache fest, so dass es dem Webentwickler überlassen wird, eine Serversprache zu wählen (z. B. PHP, J2EE, Java Servlets, .Net, CGI, Ruby etc.). Die Serversprache muss lediglich fähig sein, die Daten in einer Form aufbereiten zu können, welche die AJAX-Engine interpretieren und verarbeiten kann. Meistens werden die nachgeladenen Daten im XML-Format vorliegen und mit JavaScript geparst werden. Nach der Bearbeitung werden die Daten in das bestehende Dokument integriert.

5.2 Aufgaben und Herausforderungen

- Browsernavigation:
  Moderne Webbrowser verfügen über den 'Zurück'- und den 'Vorwärts'-Button, eine Navigationsmöglichkeit, die den Benutzer befähigt, in aktuellen Sitzungen zwischen den einzelnen aufgerufenen Webseiten zu springen, um z. B. die zuletzt betrachtete Seite aufzurufen. Bei Verwendung von AJAX ist diese Art der Navigation schwer zu realisieren. Das `window`-Objekt repräsentiert das Browserfenster und bildet das höchste Objekt in der Objekthierarchie. Dieses Objekt verfügt über eine Anzahl von Unterobjekten, unter anderem auch das Objekt `history` (vgl. Abb. 5.1.). Mit diesem Objekt ist der Zugriff auf die Historie des Browsers möglich.

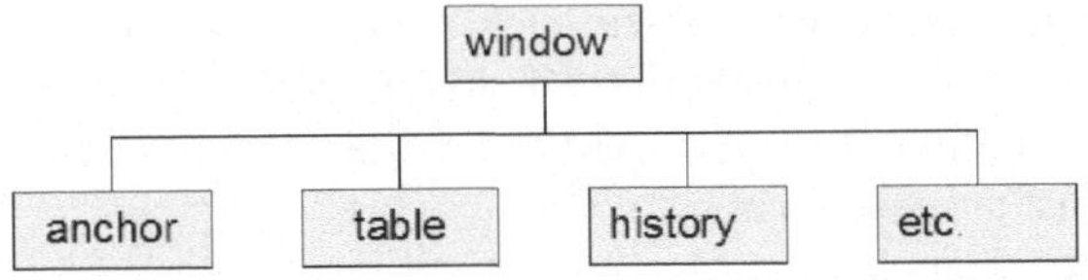

Abb. 5.1. Objekthierarchie des Browserfensters

Die Informationen über die bisher besuchten statischen Webseiten werden im `history`-Objekt abgelegt. Jedoch sorgt AJAX mit dem Prinzip des dynamischen Nachladens gerade dafür, dass eine Webseite nicht neu geladen werden muss und der URL (Uniform Resource Locator) nicht verändert wird. Dies führt dazu, dass das `history`-Objekt keine Kenntnisse über die Änderungen der Webseite erhält. Das Drücken des 'Zurück'-Buttons würde nicht den letzten Zustand der Webseite vor der dynamischen Änderung herstellen. Aus demselben Grund würde das Ablegen von Lesezeichen (`bookmarks`) zwecks schnellen Zugriffs auf favorisierte AJAX-Seiten nicht funktionieren.
Um das Problem des 'Zurück'-Buttons beseitigen zu können, bedarf es einer Funktionalität, die von Webentwicklern gesondert implementiert werden muss. Die Erstellung individueller Lösungen zur Behebung der Problematik, wie z. B. die Verwendung des Dojo-Toolkit, ist meist mit hohem Aufwand verbunden (vgl. Kap. 6.2).

- Barrierefreiheit:
  AJAX ist nicht für jeden Benutzer geeignet, da die Barrierefreiheit nicht gewährleistet werden kann. Seit 2002 gibt es im Rahmen des Behindertengleichstellungsgesetzes die Barrierefreie Informationstechnik Verordnung (BITV), welche die Gestaltung barrierefreier Internet-Anwendungen vorantreibt. Menschen mit Seh- oder Hörschwächen sollen Internetseiten problemlos zugänglich gemacht werden [03]. Bar-

rierefreiere Seiten müssen auch ohne JavaScript funktionsfähig sein. Da JavaScript für AJAX unabdingbar ist, wird die Vereinbarkeit von AJAX mit der Barrierefreiheit zunächst ausgeschlossen.

- Kinderkrankheiten:
  AJAX ist eine neue Technologie und kann durch den Reiz, den die schnellen und interaktiven Kommunikationsabläufe auslösen, Webentwickler zu übermäßiger Anwendung dieser Technologie verführen. AJAX sollte allerdings nicht als Spielzeug missbraucht, sondern nur dort angewendet werden, wo die Benutzung sinnvoll ist. Übermäßige Verwendung könnte zu Problemen oder Irritationen seitens des Benutzers führen. AJAX befindet sich in einer frühen Entwicklungsphase, in der die Fehleranfälligkeit durch so genannte Kinderkrankheiten relativ hoch ist. Die unterschiedlichen Eigenarten und Interpretationsweisen von Methoden und Objekten der verschiedenen Webbrowser müssen zusätzlich berücksichtig werden. Das XMLHttpRequest-Objekt (vgl. Kap. 4.3.2) bildet einen wichtigen Teil in der JavaScript-Technologie. Dieses Objekt wurde bisher noch nicht standardisiert, was zu verschiedenen Auslegungen, abhängig vom Webclient, führen kann. Daher muss beim Testen der Anwendungen viel Aufwand betrieben werden. Da der Programmablauf und die Logik sowohl auf dem Client als auch auf dem Server abgelegt sind, kann sich die Fehlersuche als äußerst schwierig herausstellen.
  Des Weiteren muss gewährleistet sein, dass JavaScript im Webbrowser nicht deaktiviert sein darf, da AJAX ohne JavaScript nicht ausführbar ist. Für alte Browser, die das XMLHttpRequest-Objekt nicht unterstützen ist es nicht möglich, AJAX in vollem Umfang zugänglich zu machen. Dies erklärt auch, warum das clientseitige Objekt sich erst in neuerer Zeit etabliert hat und vermehrt zum Einsatz kommt.

- Suchmaschinen:
  Suchmaschinen können nur statische Inhalte einer Webseite verarbeiten und sind nicht in der Lage, den von AJAX-Applikationen erzeugten dynamischen Inhalt zu erkennen. Die Folge davon ist, dass AJAX-Anwendungen für Suchmaschinen schwerlich oder gar nicht zugänglich sind. Dem kann durch Einbindung zusätzlicher Methoden abgeholfen werden, was jedoch zu einem höheren Arbeitsaufwand seitens des Webentwicklers führt.
- Benutzerfreundlichkeit:
  AJAX-Applikationen können auf Benutzer, die erstmalig mit dieser Technologie konfrontiert werden, irritierend wirken. Der allgemeine Ablauf bei AJAX findet im Hintergrund der Anwendung statt. Die Überprüfung der angeforderten Daten kann das Nachladen weiterer Informationen aus einer Datenbank bewirken, was aus Sicht des Benutzers zu unerwarteten Aktionen führen kann. Das eigenständige und automatische Ausfüllen von Feldern in einer Formulareingabe oder das Aufklappen von Informationen mitten in einem Text, was zur Störung des Leseflusses führt, könnten solche Aktionen sein. Diese Vorgehensweise kann für den Benutzer missverständlich sein und den Eindruck erwecken, dass ihm die Kontrolle über die Anwendung abhanden gekommen sei. Das Fehlen von typischen Bedienelementen, wie z. B. dem Submit-Button, wird einem Benutzer, der auf dem Gebiet von AJAX unerfahren ist, zusätzlich verwirren. Im idealen Fall wäre die Kommunikation zwischen Webclient und Webserver bei Anwendung von AJAX ohne Wartezeiten durchführbar. Die angeforderten Daten würden direkt auf dem Bildschirm angezeigt. Dieses ist für den Benutzer recht ungewöhnlich, da er sich an die Verzögerungszeit, die bei der Kommunikation zwischen Server und Client entsteht, gewöhnt hat. Die verspätete Aktualisierung der Ansicht sollte nicht unterschätzt werden. Der im Hinter-

grund stattfindende dynamische Datenaustausch könnte vom Benutzer nicht zur Kenntnis genommen werden, so dass dieser unnötig auf das Laden und die Aktualisierung der Seite warten würde. Durch visuelle Effekte, wie z.B. eine Sanduhr oder einen Fortschrittbalken, die teilweise aus Desktop-Anwendungen bekannt sind, kann dem Benutzer angedeutet werden, dass das Nachladen der benötigten Daten getätigt wird. Dies würde allerdings den grossen Vorteil von AJAX, die Interaktivität und Geschwindigkeit, einschränken. Das Antwortverhalten der AJAX-Anwendungen soll dem der Desktop-Anwendungen gleichkommen. Das kann jedoch von einem Webentwickler nicht gewährleistet werden, da die Ausführungsgeschwindigkeit der Web-Anwendungen von verschiedenen Faktoren, wie z. B. Serverbelastung oder Netzwerkverbindung, abhängt. Es ist daher schwierig, ein geeignetes Gleichgewicht zwischen Geschwindigkeit und den grafischen Elementen, welche die Verzögerungen überbrücken, zu schaffen.

- Mehraufwand:
  Wie oben bereits erwähnt, könnte AJAX in der Anfangsphase beim Benutzer für Verwirrungen sorgen. Deshalb wäre es für eine bestimmte Übergangszeit angebracht, parallel zur AJAX-Anwendung eine Webseite nach der klassischen Vorgehensweise (vgl. Kap 3.1.1) zu implementieren. Webbenutzer, die ältere Browser verwenden, könnten durch solch eine alternative Lösung auf den Inhalt des Webauftritts zugreifen. Dieses würde aber zu einem erheblichen Mehraufwand auf der Server- und Clientseite führen, was sich finanziell niederschlagen könnte. Erschwerend kommen mögliche, durch asynchrone Abfragen bedingte, negative Auswirkungen hinzu. AJAX basiert auf dem HTTP-Protokoll und ist daher nicht fähig, eine dauerhafte Verbindung zwischen Client und Server aufrechtzuerhalten. In regelmäßigen Abständen muss der Webserver angesprochen

werden, was zu mehr Serverbelastung führen kann. Im Gegensatz zur klassischen Vorgehensweise muss der Webentwickler bei AJAX-Anwendungen mehr Quelltext erzeugen, den der Webbrowser auch zu verarbeiten hat. Sollte die Webseite zu viel JavaScript-Quelltext enthalten, so könnte ein schwacher Rechner den Ablauf nicht flüssig darstellen.

- Strukturaufbau:
  Die Trennung von Layout und Inhalt in einem Webdokument, die eine Aufgabenteilung zwischen Programmierer und Webdesigner erlaubt, führt bei Wartungsarbeiten und nachträglichen Verbesserungen zu deutlich höherer Effizienz. Das Layout wird zumeist durch CSS realisiert, während XML für die strukturierte Darstellung der Daten sorgt. DHTML wird verwendet, um JavaScript mit CSS zu verbinden. Diese sinnvolle Abgrenzung könnte mittels AJAX wieder aufgehoben werden, da es zu einer unsortierten Mischung aller Technologien, ähnlich den serverseitigen Scripten früherer Tage, führen kann. Dieses Problem muss nicht zwangsläufig auftreten. Bei einem sauberen Programmierstil wird die Trennung beibehalten.
- ActiveX:
  Beim Microsoft Internet Explorer basiert das XMLHttpRequest-Objekt auf ActiveX (vgl. Kap. 3.3). Die ActiveX-Komponente wird aus sicherheitstechnischen Gründen von einigen Nutzern des Internet Explorers deaktiviert, so dass AJAX-Anwendungen dann nicht lauffähig sind.
- Konzept:
  Unabhängig von den technischen Problemen herrscht viel Verwirrung um die Semantik des AJAX-Konzeptes. Für viele Kritiker ist nicht ersichtlich, warum es sich bei AJAX um eine neue, innovative Technologie handeln soll, zumal das Konzept sich verschiedener bereits bekannter Technologien bedient (vgl. Kap. 3.2). Die Kritiker unterstellen, dass AJAX

vielmehr ein Marketingbegriff sei und nur aufgrund wirtschaftlicher Interessen geprägt wurde. Diese Zweifel führen zu einer Schwächung des Konzeptes.

6 Bibliotheken und Frameworks

In der Softwareentwicklung treten häufig wiederkehrende Probleme auf, deren Beseitigung individueller Lösungen bedarf. Die Konzeption solcher Funktionalitäten ist mit einem hohen Zeit- und Kostenfaktor verbunden. Ein großes Problem stellt die Inkompatibilität der unterschiedlichen Webbrowser dar. Ein gutes Beispiel dafür ist das XMLHttpRequest-Objekt, welches in den Browsern unterschiedlich implementiert werden muss (vgl. Kap. 4.3.2). Den unterschiedlichen Möglichkeiten zur Implementierung dieses Objektes müssen aufwändige Tests in allen modernen Webbrowsern folgen.

Bei der Erstellung von AJAX-Anwendungen sind oft gleiche Aufgaben zu erledigen, die innerhalb des Projektes oder in anderen AJAX-Applikationen wiederkehren. In diesem Zusammenhang haben sich Bibliotheken und Frameworks etabliert, die lauffähige und bestehende Lösungen bereitstellen. Bibliotheken bündeln Funktionen und Routinen zu einer Einheit und führen mehrere Klassen zusammen. Ein Framework besteht aus Funktionsbibliotheken und einer Sammlung von Klassen, die miteinander verbunden ein wieder verwendbares Konzept für wiederkehrende Probleme darstellen. Bei vielen Frameworks soll die Interaktion zwischen Server und Webseite koordiniert werden. Dabei können AJAX-Applikationen auf serverseitige Frameworks oder auf reine JavaScript-Bibliotheken zurückgreifen.

Die Mehrheit der Frameworks kann als Open-Scource-Implementierung kostenlos verwendet und in das eigene AJAX-Projekt eingebunden werden. Dabei spezialisieren sich manche Frameworks auf bestimmte Programmiersprachen, während andere zu mehreren Sprachen kompatibel sind. Bei den clientseitigen JavaScript-Bibliotheken steht die Bereitstellung von Funktionen zur Abdeckung sich wiederholender Abläufe im Vordergrund. Die vielen serverseitigen Frameworks haben die Aufgabe, die Interaktion zwischen Server und Webseite zu koordinieren. Neben den Programmiersprachen Java und PHP wird unter anderem Ruby angewendet. Ruby on Rails stellt einen bekannten Vertreter der serverseitigen Frameworks dar. Die Einbindung solcher Frameworks kann zu erheblichen Vereinfachungen und mehr Effizienz bei der Erstellung von AJAX-Applikationen führen. Bei der Fülle von angebotenen Bibliotheken und Frameworks ist es jedoch schwierig, eine geeignete Funktionsbibliothek zu wählen und diese dem Projekt zuzuordnen. Die Wahl hängt in erster Linie von den Funktionalitäten und den Aufgabenbereichen ab, die die Anwendung erfüllen soll. Bei AJAX-Applikationen mit wenig asynchronem Ablauf ist der Verzicht auf Frameworks ratsam, da der Aufwand bei der Einarbeitung nicht zu unterschätzen ist und dieser sich im Verhältnis zu der Programmgröße und zum niedrigen Grad der angewandten asynchronen Datenmanipulation nicht lohnen würde. Doch bei richtiger Anwendung kann dieses Hilfsmittel im Laufe der Entwicklungsphase vieles erleichtern, so dass bei größeren Projekten die Einbindung von Vorteil wäre.

In den nachfolgenden Abschnitten wird eine kleine Auswahl von verschiedenen Frameworks vorgestellt und kurz beschrieben. Weitere Details und aktuelle Versionen der Frameworks sind im Internet leicht zu recherchieren und zu finden.

6.1 Serverseitige Frameworks

- GWT
  Das Google Web Toolkit (GWT) ist ein in Java geschriebenes Framework, welches mit der Programmiersprache Java verwendet werden kann, um komfortable und simple Benutzeroberflächen zu erstellen. Dazu werden Buttons, Listen, Reiter, Menüs und andere Elemente bereitgestellt. Über einen integrierten Java-to-JavaScript-Compiler wird der Quelltext von Java in JavaScript übersetzt und fertige HTML- und JavaScript-Dokumente erzeugt.
- Sajax
  Sajax steht für Simple AJAX und bildet ein einfach gehaltenes serverseitiges Framework. Unter den AJAX-Entwicklern ist dieses Framework beliebt, da viele bekannte Skriptsprachen wie ASP, Perl, PHP oder Ruby angesprochen werden können. Mittels JavaScript kann der clientseitige Code mit dem Serverskript verbunden werden, um die Funktionen auf der Serverseite anzusprechen. Für jede unterstützte Programmiersprache werden im Framework Bibliotheken bereitgestellt, über die eine Einbindung der Serverfunktionen in die AJAX-Applikation vereinfacht wird.
- Xajax
  Die PHP-Klassenbibliothek erlaubt die Erstellung einfacher und mächtiger, webbasierter AJAX-Applikationen, indem die Techniken HTML, CSS, JavaScript und PHP kombiniert eingesetzt werden. Der Inhalt von einzelnen Webbereichen kann über den asynchronen Aufruf serverseitiger PHP-Funktionen aktualisiert werden, ohne dass ein erneutes Laden der Webseite notwendig wäre.
- Atlas
  Das aus dem Unternehmen Microsoft stammende Framework Atlas verwendet die .NET-Technologie und ist für

ASP.NET konzipiert worden, kann jedoch auch von anderen Server-Umgebungen verwendet werden. Die Methoden der ASP.NET-Bibliothek können direkt über JavaScript in das clientseitige Webdokument integriert werden. Über die Client Script Library werden Methoden bereitgestellt, die eine Erweiterung von JavaScript bilden und sich objektorientierter Ansätze wie z. B. Vererbung bedienen. Zusätzlich enthält das Framework das Control Toolkit, welches eine Sammlung von Komponenten und Beispielcodes liefert und die Gestaltung von interaktiven Benutzeroberflächen vereinfachen soll.

- Ruby on Rails
  Ruby on Rails treibt die Entwicklung von webbasierten Anwendungen schnell voran. Entwickelt wurde es von David Heinemeier Hansson, einem Partner des Unternehmens 37Signals, indem Ruby on Rails aus der fertigen Applikation Basecamp extrahiert wurde. Die wichtigsten AJAX-Funktionalitäten wurden in das Framework bereits direkt integriert. Die vielen eingebauten JavaScript-Bibliotheken stellen mehrere allgemeine Funktionen bereit und lassen mit geringem Aufwand beispielsweise die schnelle Erstellung von Online-Services zu. Ein im Framework integriertes Modul kann aus Ruby heraus direkte JavaScript-Aufrufe durchführen.
- OpenAjax
  OpenAjax ist ein gemeinsames Projekt von mehreren renommierten Unternehmen (z. B. IBM, Novell, Oracle, Google, Yahoo!), die das Ziel verfolgen, ein standardisiertes Werkzeug zu entwickeln. Das Projekt befindet sich derzeit in der Planungsphase. Es soll ein Debugging- und Entwicklungsframework bilden, welches bekannte Toolkits wie OpenRico oder Dojo anbindet.
- Weitere Frameworks
  JSON-RPC-Java, Direct Web Remoting (DWR), XOAD,

AJAX.Net oder Java BluePrints sind darüber hinaus weitere interessante serverseitige Frameworks.

6.2 Browserseitige Frameworks

- Spry
  Spry ist ein Framework des Softwareherstellers Adobe, mit dem XML-Datenstrukturen geparst werden können. Zusätzlich bietet es Funktionen an, die bei der Erstellung von Benutzeroberflächeneffekten nützlich sind und die Inkompatibilität unterschiedlicher Webbrowser verringern. Die Nutzung einer in JavaScript geschriebenen Bibliothek und die Implementierung in eigene Webdokumente erfordern geringe Kenntnisse in JavaScript, HTML und CSS. Ähnlich wie bei serverseitigen Skriptsprachen werden Platzhalter statt JavaScript verwendet, die für die weitere Verarbeitung zuständig sind.
- Sarissa
  Sarissa ist eine reine JavaScript-Bibliothek, die zur Bearbeitung von XML-Dokumenten angewendet wird. Dabei findet eine strikte Kapselung der Funktionen statt. Das Framework erweitert die Browserfunktionen und stellt eine einheitliche, browserübergreifende Schnittstelle zur Verfügung. Die Bearbeitung des DOM-Baumes wird unterstützt, so dass die XML-API der unterschiedlichen Browser angesteuert und die einzelnen Komponenten einer XML-Datei gezielt bearbeitet werden können. Das XMLHttpRequest-Objekt kann über das Framework angesprochen und verarbeitet werden, ohne dass eine Browserüberprüfung stattfinden muss.
- Prototype JavaScript Framework
  Angelehnt an das Framework Ruby on Rails bildet das Prototype JavaScript Framework eine JavaScript-Bibliothek zur

Modifikation des Dokumentenbaumes und stellt Erweiterungen von objektorientierten Techniken in JavaScript zur Verfügung. Die objektbasierte Programmierschnittstelle beinhaltet viele Funktionen, die bei der Erstellung von AJAX-Applikationen hilfreich sind. So wird z. B. die asynchrone Kommunikation zwischen Webserver und -client unterstützt. Um die Bibliothek anwenden zu können, muss sie im Webdokument als JavaScript-Datei integriert sein.

- Rico
  Der Name Rico bedeutet im Spanischen „reich“ und steht stellvertretend für den umfangreichen Inhalt dieses Frameworks. Rico ist eine reine JavaScript-Bibliothek, die über mehrere Bestandteile zur Erstellung von „reichen“ Internet-Anwendungen verfügt. So wird z. B. Drag & Drop innerhalb des Webdokumentes unterstützt. Auf der grafischen Benutzeroberfläche können einzelne Elemente per Maus angeklickt und an andere Stellen des Dokumentes verschoben und darin abgelegt werden. Dabei gibt der Softwareentwickler an, welche HTML- und JavaScript-Elemente verschiebbar sind und welche Bereiche des Webdokumentes als Ablageort für die zu verschiebenden Elemente dienen. Das Open-Source-Projekt bietet zudem viele visuelle Effekte an und verfügt über eine hohe Browserkompatibilität. Eine Ausnahme bildet dabei der Webbrowser Safari von Apple, der bei der Verwendung von Rico teilweise Probleme bereiten kann.
- Dojo
  Dojo ist ein stabiles, lauffähiges Open-Source-Toolkit, mit dem dynamische Effekte, wie Drag & Drop, in JavaScript unterstützende Webseiten eingebaut werden können. Dojo beinhaltet eine Menge von JavaScript Bibliotheken und besteht aus vorgegebenen Steuer- oder Interaktionselementen (so genannten Widgets), die das Erstellen von Benutzeroberflächen und Web User Interfaces (WUI) über AJAX kom-

fortabler gestalten. Die mitgelieferten Bestandteile können das Erzeugen von AJAX-basierten Anfragen vereinfachen. Die für AJAX typischen Probleme, wie zum Beispiel die Handhabung mit dem Zurück-Button oder die Erstellung von Lesezeichen (vgl. Kap. 5.2), sollen durch Dojo und die dafür erstellten Lösungen eingegrenzt werden. Den Kern von Dojo bildet das Schichtenmodell, welches in unterschiedliche Bereiche unterteilt ist. Diese Bereiche verfügen über APIs, die, je nach beabsichtigter Anwendung, einzeln in das Projekt eingebunden werden können.

- Weitere Frameworks
  Weitere browserseitige Frameworks sind z. B. Flash/JavaScript Integration Kit, Qooxdoo, AJAXSLT und RSLite.

Auch hier gilt der Hinweis, dass dies nur eine kleine Auswahl ist und der Markt an weiteren Frameworks derzeit boomt. Das Internet bietet eine gute Grundlage bei der Suche nach dem idealen Framework für eine AJAX-Anwendung.

7 Fallbeispiel

Ein abschließendes einfaches Fallbeispiel demonstriert das Zusammenspiel der Technologien, die bei einer interaktiven Web-Applikation zum Einsatz kommen. Hierzu wird mittels AJAX ein Webauftritt erzeugt, mit dem es den Studenten ermöglicht wird, nach einer bestimmten Vorlesung zu suchen und die dazugehörigen Detailinformationen abzurufen. Um die asynchrone Vorgehensweise verständlicher darzustellen, wird im Fallbeispiel auf den Einsatz von Frameworks verzichtet. Die Änderungen des DOM und die Vorgehensweise des XMLHttp-Request-Objektes werden so deutlicher heraus gestellt. Der Quelltext des Fallbeispiels kann dem Anhang entnommen werden.

Folgende Technologien kommen bei diesem Fallbeispiel zum Einsatz:

- XHTML
- CSS
- JavaScript
- DOM
- XML
- JSP

Der Ablauf der Web-Anwendung wird anhand von Screenshots Schritt für Schritt näher beschrieben.

Die Abbildung 7.1. zeigt die grafische Benutzeroberfläche des Fallbeispiels. Im mittleren Bereich der Web-Applikation stehen dem Benutzer zwei Masken zur Verfügung, die jeweils mittels AJAX manipulierbar sind. Für den Ablauf der Applikation ist zunächst die Eingabemaske im oberen Bereich von Bedeutung. In diesem Feld wird die Vorlesungsbezeichnung eingetragen. Die dazugehörigen Detailinformationen werden im unteren Fenster dargestellt.

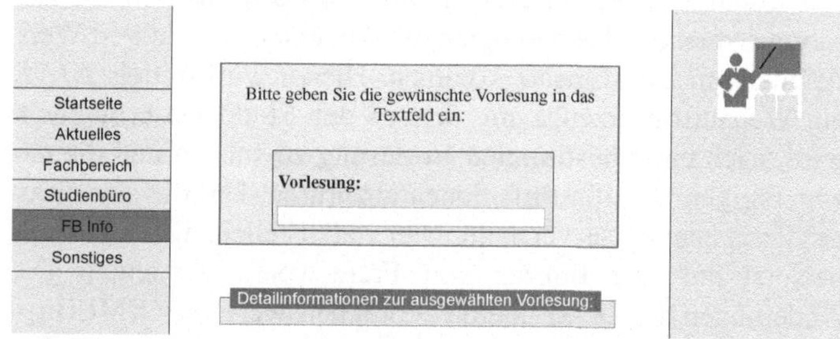

Abb. 7.1. Fallbeispiel: Screenshot Nr.1

Im zweiten Schritt wird die Eingabe getätigt. In diesem Fall wird der Buchstabe 's' in das Vorlesungsfeld eingetragen (vgl. Abb. 7.2.). Durch diese Benutzerinteraktion wird die asynchrone Kommunikation zwischen Webbrowser und Webserver geöffnet.

Über den Eventhandler `onkeyup` wird bei jeder Tastatureingabe eine JavaScript-Funktion aufgerufen, die das XMLHttp-Request-Objekt erzeugt. Dieses Objekt kann mittels JavaScript den asynchronen Datenaustausch realisieren, indem es zunächst eine Datenverbindung zum Webserver aufbaut und eine Anfrage sendet.

Im Fallbeispiel werden alle Vorlesungsbezeichnungen angefordert, die mit dem Buchstaben 's' beginnen. Dieser `request` wird an das serverseitige JSP-Dokument weitergeleitet, welches wiederum die Anfrage bearbeitet und die gewünschten Daten aus dem Datenbankverwaltungssystem mySQL anfordert. Die Daten werden, in Form einer XML-Strukur, über das JSP-Dokument bereitgestellt und an das clientseitige JavaScript zurückgesandt. Während der Kommunikation wird der Status der Datenübertragung überwacht, um auf das Eintreffen der Antwort reagieren zu können.

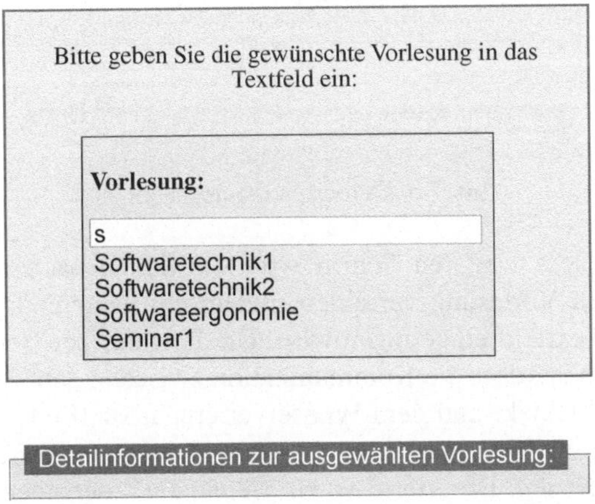

Bitte geben Sie die gewünschte Vorlesung in das Textfeld ein:

Vorlesung:

s
Softwaretechnik1
Softwaretechnik2
Softwareergonomie
Seminar1

Detailinformationen zur ausgewählten Vorlesung:

Abb. 7. 2. Fallbeispiel: Screenshot Nr.2

Nur bei einer vollständigen und fehlerlosen Datenübertragung kann JavaScript die im XMLFormat vorliegenden Daten erfolgreich interpretieren und, über die Methoden und Eigenschaften des DOM, Änderungen an dem Document Object Model der XHTML-Seite vornehmen. Das Ergebnis bildet eine dynamisch erzeugte Liste aller Datenbankwerte, die das Kriterium der Anfrage erfüllen. Die Liste wird unterhalb des Textfeldes angeordnet und im Browser direkt dargestellt (vgl. Abb. 7.3.).

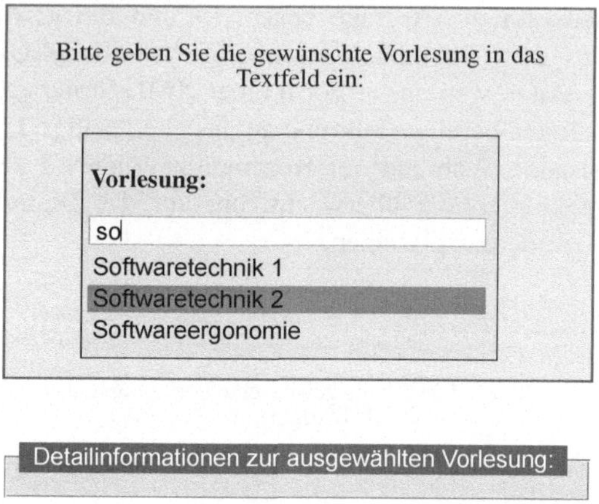

Bitte geben Sie die gewünschte Vorlesung in das Textfeld ein:

Vorlesung:

so

Softwaretechnik 1

Softwaretechnik 2

Softwareergonomie

Detailinformationen zur ausgewählten Vorlesung:

Abb. 7.3. Fallbeispiel, Screenshot Nr.3

In einem weiteren Schritt wird die Suche nach einer bestimmten Vorlesung verfeinert, indem ein weiterer Buchstabe in das Textfeld eingetragen wird. Die Folge dieser Benutzerinteraktion ist, dass die Kommunikation zwischen dem XMLHttp Request-Objekt und dem Webserver erneut stattfindet. Hierbei werden alle Vorlesungen angefordert, die mit der Zeichenkette 'so' beginnen. Der vierte Wert, 'Seminar 1', der noch im vorherigen Schritt angezeigt wurde, hat als zweiten Buchstaben ein 'e' statt des gesuchten 'o' und kann diese Bedingung nicht erfüllen. Daher wird dieser Datenbankwert im Webdokument nicht mehr dargestellt. Das DOM wird verändert und der Teilbereich der Webseite, der die Liste aller zutreffenden Vorlesungen anzeigt, dynamisch ausgetauscht.

Im weiteren Verlauf des Fallbeispiels wird der Wert 'Softwaretechnik 2' aus der Liste ausgewählt und angeklickt. Die Vorlesungsbezeichnung wird nun im Textfeld komplett dargestellt. Zusätzlich findet im unteren Fenster der Web-Anwendung eine weitere asynchrone Datenkommunikation statt. Dadurch werden Detailinformationen zur ausgewählten Vorlesung interaktiv dargestellt (vgl. Abb. 7.4.).

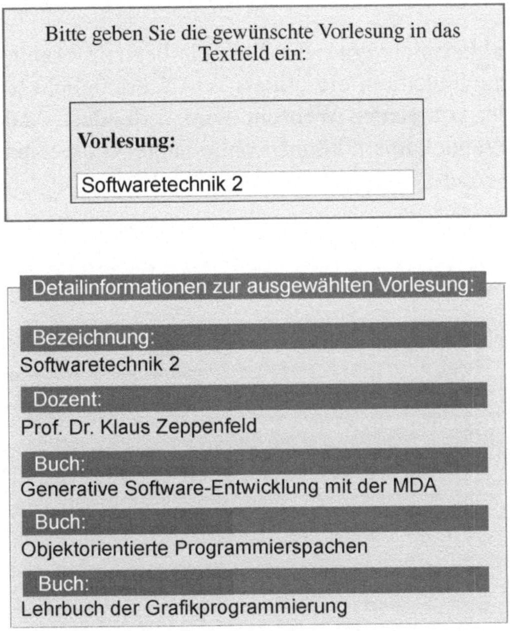

Bitte geben Sie die gewünschte Vorlesung in das Textfeld ein:

Vorlesung:

Softwaretechnik 2

Detailinformationen zur ausgewählten Vorlesung:

Bezeichnung:
Softwaretechnik 2

Dozent:
Prof. Dr. Klaus Zeppenfeld

Buch:
Generative Software-Entwicklung mit der MDA

Buch:
Objektorientierte Programmierspachen

Buch:
Lehrbuch der Grafikprogrammierung

Abb. 7.4. Fallbeispiel: Screenshot Nr. 4

Um direkt überprüfen zu können, ob die angegebenen Detailinformationen der Vorlesung entsprechen, wird die Vorlesungsbezeichnung im Detailfenster erneut ausgegeben. Zusätzlich werden die Attribute 'Dozent' und 'Buch' dargestellt. Die Anzahl der Bücher kann je nach Dozenten variieren. Im Beispiel werden zum Dozenten 'Prof. Dr. Klaus Zeppenfeld' drei Bücher angezeigt. Der Bereich der Webseite, der die Anzahl und die Bezeichnung der Bücher ausgibt, wird dynamisch angepasst. Sollte eine Vorlesung ausgewählt werden, deren Dozent kein Buch veröffentlicht hat, so wird das DOM der Webseite dementsprechend manipuliert. In diesem Fall würde der Webbereich zur Darstellung der Bücher nicht angezeigt werden.

Das Fallbeispiel veranschaulicht die beeindruckend schnelle Datenkommunikation, die mittels AJAX ermöglicht wird. Das Senden der kompletten Webseite wird verhindert. Änderungen an dem Webdokument können ohne lange Wartezeiten durchgeführt werden.

8 Zusammenfassung und Ausblick

AJAX ist eine Kombination von altbewährten Technologien, mit denen visuell attraktive Web-Applikationen umgesetzt werden können. Innerhalb des World Wide Web ist ein klarer Trend zu einer neuen erweiterten Art des WWW erkennbar. Obwohl man nicht von einem Wandel im Web sprechen kann, steigt die Anzahl der auftretenden interaktiven Webseiten innerhalb des World Wide Web stetig an. Diese Applikationen bilden das so genannte Web 2.0. Der Unterschied zwischen dem „klassischen" World Wide Web und Web 2.0 ist nicht direkt ersichtlicht. Der Versuch, eine genaue Definition des neu geprägten Begriffs Web 2.0 zu vereinbaren, war nur teils erfolgreich und lässt viel Spielraum für Interpretationen. Grob gesagt fasst Web 2.0 alle Webseiten zusammen, die einer gewissen Anschauung entsprechen. Dabei wird durch die Bereitstellung von interaktiven Effekten, wie beispielsweise Drag & Drop, das typische Verhalten von Desktop-Anwendungen angenommen. Dadurch wird dem Benutzer innerhalb der Web 2.0-Anwendungen eine komfortable und flexible Arbeitsweise angeboten. Die Technik, die hinter solchen Applikationen steckt, wird mittels AJAX realisiert.

In modernen Webbrowsern bildet AJAX eine Möglichkeit des dynamischen Datenaustauschs zwischen Webbrowser und Webclient. Dabei wird der Inhalt von Webseiten aktualisiert, ohne dass ein erneutes Laden der kompletten Webseite erforderlich ist. Durch die asynchrone Vorgehensweise von AJAX werden nur Teilbereiche eines Webdokumentes nachgeladen, was zur Verhinderung langer Wartezeiten führt. Diese interaktive und rasche Vorgehensweise wird durch das JavaScript-Objekt XMLHttpRequest ermöglicht. Das clientseitige Objekt dient als Vermittler zwischen Webclient und Webbrowser und wird als AJAX-Engine bezeichnet. Neben diesem Objekt bilden weitere Technologien Bestandteile des AJAX–Konzeptes. Das XMLHttpRequest-Objekt stellt eine asynchrone Anfrage an den Server, die üblicherweise per XML an das JavaScript zurückgegeben wird. Hierbei sind neben XML auch andere Technologien, wie beispielsweise JSON, verwendbar. Mittels des DOM werden die empfangenen Daten verarbeitet und der Zugriff auf einzelne Elemente des HTML-Dokumentes getätigt, um dadurch die Webseite entsprechend zu verändern.

Grundsätzlich waren die technologischen Grundlagen von AJAX schon früher bekannt. Die Einführung von AJAX oder einer ähnlich ablaufenden Technologie konnte aus unterschiedlichen Gründen zu einem früheren Zeitpunkt nicht stattfinden. Erst jetzt, seitdem die technischen Gegebenheiten vorhanden sind und die Performancesteigerung im Hardwarebereich ausreichend für den Ablauf von AJAX-Applikationen ist, wird der Einsatz dieser dynamischen Datenaustauschmethode vorangetrieben. Der aktuelle Zuspruch, den AJAX genießt, ist auf den erhöhten Einsatz großer, bekannter Firmen zurückzuführen, die die asynchrone Technik in ihren Anwendungen benutzen und dadurch AJAX zur großer Popularität verhelfen. Zusätzlich ist die Bedeutung von AJAX durch einen veröffentlichten Artikel von Jesse James Garrett [o16], dem Erfinder der Bezeichnung AJAX, enorm gestiegen.

Neben der Art und Weise, wie die unterschiedlichen Technologien miteinander kombiniert werden, ist der Begriff AJAX selbst neuwertig. Das Akronym AJAX, welches für **A**synchronous, **J**avaScript **A**nd **X**ML steht, ist von Jesse James Garrett mit Bedacht gewählt worden. Es ist jedoch festzuhalten, dass eine andere Abkürzung für die sinngemäße Beschreibung des technologischen Vorgangs eleganter gewesen wäre, da nur die ersten beiden Buchstaben des Akronyms für Technologien stehen, die zwingend für die Erstellung von AJAX-Anwendungen erforderlich sind. XML stellt keine Prämisse für das AJAX-Konzept dar und könnte, sowohl im Begriff als auch bei Ausführungen von AJAX-Anwendungen, durch eine andere Technologie ersetzt werden.

Obwohl AJAX keine neue Technologie darstellt, bildet der Zusammenschluss der angewendeten Technologien einen innovativen Ansatz zum dynamischen Datenaustausch. Durch den Reiz, den die schnellen und interaktiven Kommunikationsabläufe auslösen, ist die Verführung zu übermäßiger Anwendung dieser Technologie relativ hoch. Webentwickler sollten jedoch AJAX nicht als Spielzeug missbrauchen, sondern nur dort anwenden, wo die Benutzung sinnvoll ist. Übermäßige Verwendung könnte zu Problemen oder Irritationen seitens des Benutzers führen.

Wie bei vielen neuen Ansätzen schreitet die Verbreitung des Konzeptes stetig voran. AJAX befindet sich aber momentan noch in der frühen Entwicklungsphase, in der die Fehleranfälligkeit durch so genannte Kinderkrankheiten relativ hoch ist. Es ist daher notwendig, dass erstellte AJAX-Applikationen ausführlich getestet werden. Das XMLHttpRequest-Objekt wird beispielsweise in den verschiedenen Webbrowsern unterschiedlich interpretiert und muss jeweils an den verwendeten Browser angepasst werden. Weitere Probleme, wie die Schwierigkeiten bei der Navigation mit dem Zurück-Button oder die fehlende Berücksichtigung der Suchmaschinen gegenüber AJAX, können mit aufwändig individuell programmierten Lösungen behoben werden. Es ist davon auszugehen, dass im Laufe des Entwicklungsprozesses von AJAX weitere Probleme auftreten, die jedoch beseitigt werden können.

Dabei bilden Frameworks eine gelungene Hilfestellung für Webentwickler, mit denen viele Fehler vermieden werden können, die im Laufe der Entwicklungsphase eventuell auftreten. Frameworks beinhalten lauffähige und getestete Lösungen, die für häufig wiederkehrende Arbeitsabläufe geschrieben wurden. Durch die Einbindung solcher funktionsfähigen Lösungen wird dem Webentwickler viel Programmier- und Testaufwand erspart. Die bereitgestellten Funktionalitäten innerhalb eines Frameworks führen zu einer erheblichen Vereinfachung und zu mehr Effizienz bei der Erstellung von AJAX-Applikationen. Jedoch gilt es den Aufwand, der bei der Einarbeitung in ein bestimmtes Framework entsteht, nicht zu unterschätzen. Bei Anwendungen mit wenig asynchronem Ablauf sollte auf den Einsatz von Frameworks verzichtet werden, da der Aufwand sich im Verhältnis zum niedrigen Grad der angewandten asynchronen Datenmanipulation nicht lohnen würde.

Zusammengefasst lässt sich sagen, dass die positiven Eigenschaften von AJAX auf lange Sicht gesehen überwiegen und sich das Konzept, trotz oben genannter Probleme, als beliebtes Mittel zum Erzeugen von interaktiven Webdokumenten durchsetzten wird. AJAX sorgt für mehr Interaktionen und unterbindet das träge Verhalten von Web-Applikationen. Die Wartezeiten, die beim Laden von Webseiten auftreten, werden deutlich verkürzt. Der Datenverkehr zwischen Webserver und Webclient kann bei erhöhtem Komfort erheblich reduziert werden. Diese schnelle Kommunikationsart und das dynamisch interaktive Verhalten können frei verfügbare Desktop-Anwendungen im Internet schaffen. Die klare Trennung zwischen Desktop und Internet-Anwendungen wird mittelfristig aufgehoben. Ob AJAX das Web dadurch revolutionieren kann, ist momentan nicht ersichtlicht. Durch die Einbringung der neuen innovativen Ideen kann das Konzept jedoch jetzt schon in seiner frühen Entwicklungsphase das World Wide Web prägen. AJAX bringt viel Nutzen mit sich, dessen Potential noch nicht ausgeschöpft ist. Bei konstanter Weiterentwicklung kann sich das Konzept als echte Erweiterung zu Desktop-Anwendungen und zum Kommunikationsverlauf des aktuellen World Wide Web etablieren. Das Web 2.0, das als Schlagwort für eine neue Version des bekannten World Wide Web benutzt wird, ist in der Lage, sich aufgrund von AJAX-Applikationen und der dadurch resultierenden spürbar positiven Veränderungen durchzusetzen und eine neue Ära des Webs einzuläuten.

9 Anhang

9.1 Quelltext

9.1.1 Startseite (index.jsp)

```
<%@ page language="java" contentType="text/
    html; charset=ISO-8859-1"
    pageEncoding="ISO-8859-1"%>
<!DOCTYPE html PUBLIC "-//W3C//DTD HTML 4.01
    Transitional//EN"
"http://www.w3.org/TR/html4/loose.dtd">
<html>
<head>
<meta http-equiv="Content-Type"
    content="text/html; charset=ISO-8859-1">
<title> Ajax Showcase - Hassan El
    Moussaoui</title>
<link rel="stylesheet" href="layout/ajax.css"
    type="text/css" />
<script type="text/javascript"
    src="js/ajax.js"></script>
</head>

<body>

<div class="banner">
    <div class="hintergrund"></div>
```

```
</div>

<div id="navigation">
    <div class="nva"></div>
    <a class="navi" href="#">Startseite</a>
    <a class="navi" href="#">Aktuelles</a>
    <a class="navi" href="#">Fachbereich</a>
    <a class="navi" href="#">Studienbüro</a>
    <a class="navi" href="#">FB Info</a>
    <a class="navi" href="#">Sonstiges</a>
    <div class="nv"></div>
    <div class="nv"></div>
    <div class="nva"></div>
    <a class="navi" href="#">Kontakt</a>
    <a class="navi" href="#">Impressum</a>
  <div id="navi_rechts" align="center"><img
    src="layout/vorlesung.jpg"/></div>
</div>

<div class="inhalte">
  <div class="detail">
    <div class="cont_aussen">
    <h3 align="center"> Bitte geben Sie die
         gewünschte Vorlesung in das Textfeld
         ein:</h3>
     <div class="cont_innen"><h3 align="left">
         Vorlesung:</h3>
       <div align="left">
             <input type="text" size="42"
               id="vorlesungID" name="Vorlesung"
               onkeyup="aktualisiere(this) "/>
       </div>
       <div id="Liste"></div>
     </div>
    </div>
    <div class="platzhalter"></div>
    <div class="infos">
```

```
            <fieldset class="rt">
            <legend class="legend">
               Detailinformationen zur
               ausgewählten Vorlesung:</legend>
             <div id="Buch" class="buecher">
             </div>
           </fieldset>
          </div>
       </div>
   </div>
  </body>
  </html>
```

9.1.2 Datei zur Manipulation des DOM(ajax.js)

```
var anfrage = null;
var eingabe = null;
var auswahl = null;
var anzeige = null;
var neuesElement = null;

function aktualisiere(textfeld){
   if (window.XMLHttpRequest) { // Gecko
     anfrage = new XMLHttpRequest();
   } else if (window.ActiveXObject) { //IE
     try {
       anfrage = new ActiveXObject(
                              "MSXML2.XMLHTTP");
     }catch(ex){
       anfrage = new ActiveXObject(
                           "Microsoft.XMLHTTP");
     }
   }
   eingabe = textfeld.value;
   anfrage.open("GET",
   "suche.jsp?vorlesung="+textfeld.value,true);
```

```
   anfrage.onreadystatechange = ausfuehren;
   anfrage.send(null);
}

function ausfuehren(){
 if (anfrage.readyState == 4) {//Komplett
    if(anfrage.status == 200) {//Anfrage ok
       handleResponse(anfrage.responseXML);
       return true;
    }
     else {alert("Problem: " +
                         anfrage.statusText);
    }
 }
 return false;
}

function handleResponse(dom){
 document.getElementById("Liste").style.
                       visibility = "visible";
 while(document.getElementById(
                     "Liste").hasChildNodes())
   {kntn = document.getElementById("Liste").
                                  firstChild;
    document.getElementById("Liste").
                            removeChild(kntn);
 }

 neuesElement =
              document.getElementById('Liste');
 neuesElement.innerHTML = '';
 neuesElement.className = 'test';

 for(i = 0;i < dom.childNodes[0].childNodes.
     length; i++){
   var aktelement = dom.getElementsByTagName
        ("bezeichnung")[i].childNodes[0].data;
```

```
    newOText = document.createTextNode(
                                    aktelement);
    auswahl = '<div onmouseover=
                "javascript:auswahlAn(this);" ';
    auswahl += 'onmouseout=
               "javascript:auswahlAus(this);" ';
    auswahl += 'onclick=
    "javascript:Suchen(this.innerHTML,'+i+');"';
    auswahl += 'class="suggest_link">' +
                  newOText.nodeValue + '</div>';
    neuesElement.innerHTML += auswahl;
  }
}

function fuelleFeld(j){
  var info = anfrage.responseXML.
           getElementsByTagName("bezeichnung");
  var vorlesung = info[j].childNodes[0].data;
  var name = anfrage.responseXML.
     getElementsByTagName("name")[j].
                              childNodes[0].data;
  var buch = anfrage.responseXML.
               getElementsByTagName("buecher");
  var kindzaehler = buch[j].childNodes.length;
  var txt = null;
  var label2 = document.createElement("label");
  var txt2 = document.createTextNode(
                                 "Bezeichnung:");
  label2.appendChild(txt2);
  document.getElementById("Buch").
                             appendChild(label2);
  var lab2detail = document.createElement(
                                       "label");
  var we = document.createTextNode(vorlesung);
  lab2detail.appendChild(we);
  document.getElementById("Buch").
                         appendChild(lab2detail);
```

```
  var label3 = document.createElement("label");
  var txt3 = document.createTextNode(
                                    "Dozent:");
  label3.appendChild(txt3);
  document.getElementById("Buch").
                        appendChild(label3);
  var lab3detail = document.createElement("
                                      label");
  var rt = document.createTextNode(name);
  lab3detail.appendChild(rt);
  document.getElementById("Buch").
                    appendChild(lab3detail);
  label2.className = 'bez';
  lab2detail.className  = 'bez2';
  label3.className = 'bez';
  lab3detail.className  = 'bez2';

  for(i=1; i<kindzaehler; i=i+2){
   var label = document.createElement("label");
   txt = document.createTextNode("Buch:");
   label.appendChild(txt);
   var input = document.createElement("label");
   var lu = document.createTextNode(buch[j].
        childNodes[i].childNodes[0].nodeValue);
   input.appendChild(lu);
   document.getElementById("Buch").appendChild(
                                      label);
   document.getElementById("Buch").appendChild(
                                      input);
   label.className = 'bez';
   input.className  = 'bez2';
 }
}

function auswahlAn(einheit) {
            einheit.className = 'auswahl_rein';
}
```

```
function auswahlAus(einheit) {
            einheit.className = 'auswahl_raus';
}

function Suchen(value, i){
   document.getElementById('Buch').
                             innerHTML = '';
   document.getElementById('vorlesungID').value
                                    = value;
   document.getElementById('Liste').innerHTML =
                                         '';
   fuelleFeld(i);
}
```

9.1.3 Datenbankaufruf und Bereitstellung der Daten in der XML-Struktur (suche.jsp)

```
<%@ page language="java" contentType=
  "text/html; charset=ISO-8859-1" pageEncoding=
                               "ISO-8859-1"%>
<%@page import="de.elmoussaoui.diplom.ajax.
                         services.InfoService"%>
<%@page import="de.elmoussaoui.diplom.ajax.
                           entities.Vorlesung"%>
<%@page import="de.elmoussaoui.diplom.ajax.
                                entities.Buch"%>
<%@page import="java.util.Iterator"%>
<%@page import="java.util.Collection"%>
<%@page import="java.io.OutputStream"%>
<%@page import="java.io.BufferedOutputStream"%>
<%@page import="org.jdom.Element"%>
<%@page import="org.jdom.Document"%>
<%@page import="org.jdom.output.XMLOutputter"%>
<%@page import="org.jdom.output.Format"%>
<%@page import="org.jdom.Comment"%>
<%@page import="org.springframework.web.
```

```
  context.support.WebApplicationContextUtils"%>
<% String suchstring =
             request.getParameter("Vorlesung");
InfoService infoService = (InfoService)
  WebApplicationContextUtils.getWebApplication
  Context(request.getSession().
  getServletContext()).getBean("infoService");
Collection vorlesungen =
         infoService.findVorlesung(suchstring);
if (vorlesungen != null && !vorlesungen.
                                 isEmpty ()){
  Element vorlesungenElement = new
                      Element("vorlesungen");
  Document doc = new Document(
                         vorlesungenElement);
  for (Iterator i = vorlesungen.iterator();
       i.hasNext(); ){
    Vorlesung aktuelleVorlesung =
                         (Vorlesung)i.next();
    Element buecherElement =
                      new Element("buecher");
    for (Iterator j = aktuelleVorlesung.
        getProfessor().getBuecher().iterator();
        j.hasNext(); ){
      buecherElement.addContent(new Element(
        "buch").setText( ((Buch)j.next()).
                               setTitel() ));
    }
  vorlesungenElement.addContent(
    new Element("vorlesung").addContent(new
     Element("bezeichnung").setText(
     aktuelleVorlesung.getName())).
     addContent(new Element("dozent").
     addContent(new Element("name").setText(
     aktuelleVorlesung.getProfessor().
     getName()))addContent(buecherElement)));
  }
```

```
    // Erstellen der Header
    response.setContentType("text/xml");
    XMLOutputter outputter = new XMLOutputter();
    outputter.setFormat(Format.
                              getPrettyFormat());

    // Öffnen der OutputStreams
    OutputStream outputstream =
                      response.getOutputStream();
    BufferedOutputStream bops = new
              BufferedOutputStream(outputstream);
    outputter.output( doc, bops );

    // Schliessen der Streams
    outputstream.close();
    bops.close();
}
%>
```

9.1.4 Oberflächengestaltung (ajax.css)

```
@CHARSET "ISO-8859-1";
<style type="text/css" media="screen">
    div.infos{
        background-color: #FEE39C;
        border:2px solid #FF9900;;
    }
    .cont_aussen{
        background: #E5E5E5;
        padding:5px;
        border:2px solid #FF9900;;
    }
    .cont_innen{
        background:#FEE39C;
        padding: 5px;
        margin: 30px 10px 10px 55px;
```

```
        width: 70%;
        border: 1px solid black;
    }
    .auswahl_raus{
        background-color: #FEE39C;
        padding: 2px 6px 2px 6px;
        font-family: Verdana, Arial, Helvetica,
                                         sans-serif;
        font-size: 14px;
    }
    .auswahl_rein{
        background-color: #5F94FF;
        padding: 2px 6px 2px 6px;
        font-family: Verdana, Arial, Helvetica,
                                         sans-serif;
        font-size: 14px;
    }
    .suggest_link{
        padding: 2px 6px 2px 6px;
        font-family: Verdana, Arial, Helvetica,
                                         sans-serif;
        font-size: 14px;
    }
    div.platzhalter{
        margin-top: 50px;
    }
    div.inhalte{
        background: #FFFFFF;
        width: 46.8%; height: 80%;
        margin-top: -54.9%;
        margin-left: 25%;
        border: 0.1px solid black;
        border-left: 0px solid black;
        border-top: 0.1px solid black;
        border-bottom: 0px solid black;
        border-right: 0px solid black;
    }
```

```
div.detail{
    margin-top: 70px;
    margin-left: 57px;
    width: 80%;
    height: 80%;
}
fieldset.rt{
    background: #FEE39C;
}
div.banner{
    background-image:
                url(BannerHintergrund.jpg);
    background-color:orange;
    width: 100%;
    border:1px solid black;
    padding:0px;
}
div.hintergrund{
    background-image: url(Banner.jpg);
    background-position: center;
    background-repeat: no-repeat;
    padding:30px;
}
#navigation{
    margin-left: 10%;
    margin-top:  0%;
    width: 15%;
}
div.nv{
    background-color: #FEE39C;
    border-left:1px solid black;
    border-right:1px solid black;
    padding:50px;
}
div.nva{
    background-color: #FEE39C;
    border-left:1px solid black;
```

```
        border-right:1px solid black;
        border-bottom:1px solid black;
        padding:50px;
    }
    a.navi{
        display:block;
        border-left:1px solid black;
        border-right:1px solid black;
        border-bottom:1px solid black;
        font-family:Veranda;
        font-size:12px;
        text-decoration:none;
        letter-spacing:0.4em;
        padding: 5%;
        text-align:center;
    }
    a.navi:link,
    a.navi:visited{
        background-color: #FEE39C;
        color:  #000000;
    }
    a.navi:hover,
    a.navi:active{
        background-color: #FEAC1A;
        color: #000000;
    }
    #navi_rechts{
        margin-top: 1.2%;
        width: 10%;
        position:absolute;
        right: 12%;
        top: 55px;
        background-color: #FEE39C;
        padding:40px;
        height: 607px;
        border-bottom:1px solid black;
        border-left:1px solid black;
```

```
    border-right:1px solid black;
}
legend{
    font-family: Verdana, Arial, Helvetica,
                                        sans-serif;
    font-size: 17px;
    color: #FFFFFF;
    background: #FF9900;
    border: 2px solid #FF9900;
}
label.left{
    display:block;
    font-family: Verdana, Arial, Helvetica,
                                        sans-serif;
    margin-top: 2%;
    margin-left: 5%;
}
input.right{
    font-family: Verdana, Arial, Helvetica,
                                        sans-serif;
    margin-left: 3%;
    margin-top: 1%;
}
.bez{
    display:block;
    font-family: Verdana, Arial, Helvetica,
                                        sans-serif;
    margin-top: 4%;
    margin-left: 0%;
    color: #FFFFFF;
    background: #FF9900;
}
.bez2{
    font-family: Verdana, Arial, Helvetica,
                                        sans-serif;
    margin-left: 0%;
    margin-top: 4%;
```

```
    }
    div.buecher{
        background-color: #FEE39C;
    }
    input{
        background-color: #FFFFFF;
        color: black;
        font-size:14px;
        font-family: Verdana, Arial, Helvetica,
                                          sans-serif;
    }
</style>
```

9.2 ER-Diagramm

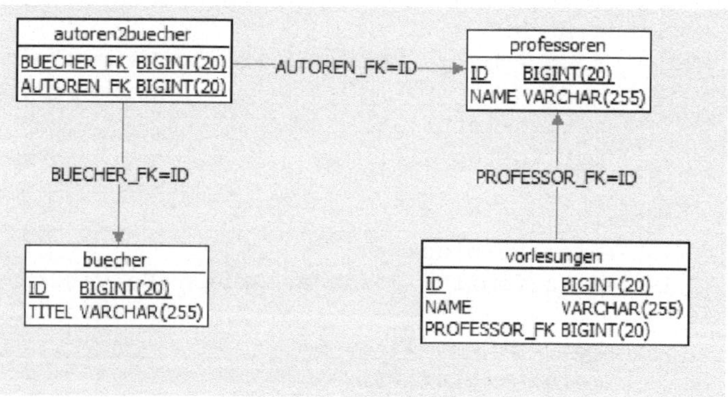

Abb. 9.1. ER-Diagramm

10 Literaturverzeichnis

10.1 Literatur

[01] Ryan Asleson, Nathaniel T. Schutta, „Foundations of AJAX", Apress Verlag, 2006

[02] Helmut Balzert, „HTML, XHTML & CSS für Einsteiger. Statische Websites systematisch entwickeln.", w3l-Verlag, Herdecke, Dortmund, 2003

[03] Heide Balzert, „Webdesign und Web-Ergonomie – Websites professionell gestalten", W3l-Verlag, Herdecke Dortmund, 2004

[04] Helmut Balzert, Heide Balzert, Andrea Krengel, Werner Poguntke, „Das Internet. Beruflich und privat effizient und sicher nutzen", W3L-Verlag, Herdecke Bochum, 2005

[05] Olaf Bergmann, Carsten Bormann, „AJAX– Frische Ansätze für das Web-Design", Teia Lehrbuch Verlag, 1. Auflage, 2005

[06] Helmut Erlenkötter, „X/HTML – Flexible Webseiten von Anfang an", Rowohlt Taschenbuch Verlag, Reinbek bei Hamburg, 2004

[07] Justin Gehtland, Ben Galbraith, Dion Almaer, „Pragmatic AJAX - A Web 2.0 Primer", Pragmatic Bookshelf, North Carolina, 2005

[08] Danny Goodman, „JavaScript Bible ", Hungry Minds, New York, 2001

[09] Danny Goodman, „JavaScript & DHTML Cookbook", O'Reilly, Farnham, 2003

[10] Hans Robert Hansen, „Wirtschaftsinformatik I", 7. Auflage, Lucius & Lucius, Stuttgart, 1996

[11] Elliotte Rusty Harold, W. Scott Means, „XML in a Nutshell", O'Reilly, Köln, 2001

[12] Christian Wenz, Tobias Hauser, „Das eigene Web – mit HTML, CSS und JavaScript", Markt + Technik Verlag, München, 2002

[13] Marianne Hauser, Tobias Hauser, Christian Wenz, „Das HTML/CSS Codebook", Addison-Wesley, München, 2005

[14] Heinrich Hübscher, Hans-Joachim Petersen, Carsten Rathgeber, Klaus Richter, Dirk Scharf „IT-Handbuch – IT-Systemelektroniker/-in Fachinformatiker/-in", 1. Auflage, Westermann, Braunschweig, 1999

[15] Birgit Kloss, „CSS und DHTML – Für Windows und Macintosh", Markt + Technik Verlag, München, 2002

[16] Thomas Kobert, „Das Einsteigerseminar HTML 4 & Meine erste Homepage", Vmi Buch, 1. Auflage, Bonn, 2005

[17] Stefan Koch, „JavaScript - Einführung Programmierung Referenz", 3. Auflage, dpunkt Verlag, Heidelberg, 2001

[18] Jörg Krause, „Microsoft Acitve Server Pages – Programmierung dynamischer Webseiten für den IIS 4 mit VBScript und SQL“ Addison-Wesley Verlag, München, 1999

[19] Mark Lubkowitz, „Webseiten programmieren und gestalten“, 2. Auflage, Galileo Press, Bonn, 2005

[20] Chuck Musciano, Bill Kennedy, „HTML & XHMTL – Das umfassende Referenzwerk”, 4. Auflage, O'Reilly, Köln, 2003

[21] Björn Müller, Javamagazin, „Was steckt hinter Web 2.0?“, Software & Support Verlag, 2006

[22] Björn Müller, Javamagazin, „AJAX ist ein Hype. Zu Recht!“, Software & Support Verlag, 2006

[23] Björn Müller, Javamagazin, „AJAX @ Work“, Software & Support Verlag, 2006

[24] Stefan Münz, „DHTML – Dynamisches DHTML - Bringen Sie unkompliziert und professionell Schwung in Ihre Webseiten“, Franzis Verlag, Poing, 2003

[25] Stefan Münz, Wolfgang Nefzger, „HTML & Web-Publishing Handbuch - XML, DTDs, Perl/CGI“, Franzis Verlag, Poing, 2002

[26] Stefan Münz, Wolfgang Nefzger, „JavaScript Referenz“, Franzis Verlag, Poing, 2003

[27] Dirk Olbertz, „Das Blog-Buch - Weblogs für Einsteiger & Profis“, Markt + Technik Verlag, München, 2004

[28] Detlef Schoder, Kai Fischbach, René Teichmann, „Peer-to-Peer – Ökonomische, technologische und juristische Perspektiven“, Springer Verlag, 1. Auflage, Berlin, 2002

[29] Thomas Schraitle, „DocBook-XML – Medienneutrales und plattformunabhängiges Publizieren", Suse Press, Köln, 2004

[30] Michael Seeboerger-Weichselbaum, „XML – Das Einsteigerseminar", Vmi Buch, 4. Auflage, Bonn, 2004

[31] Michael Seeboerger-Weichselbaum, „JavaScript – Das bhv Taschenbuch", Vmi Buch, 4. Auflage, Bonn, 2005

[32] Helma Spona, „DHTML – Das Einsteigerseminar", Vmi Buch, 1. Auflage, Kaarst, 2001

[33] Magnus Stein, „workshop XML", Addison-Wesley Verlag, München, 2002

[34] Ralph Steyer, „JavaScript in 21 Tagen – Schritt für Schritt zum Programmierprofi", Markt + Technik Verlag, 1. Auflage, München, 2000

[35] Ralph Steyer, „AJAX mit PHP", Addison-Wesley Verlag, 2006

[36] Erik Westermann, „Learn XML in a Weekend", Premier Press, Cincinnati, 2002

[37] Kevin Williams, „Professional XML Database", Wrox Press, Poing, 2000

[38] Heather Williamson, „Dynamic HTML browserübergreifend – HTML, CSS, DOM, JavaScript und JScript", Galileo Computing, Bonn, 2001

[39] Nicholas C. Zakas, Jeremy McPeak, Joe Fawcett, „Professional AJAX", Wiley Publishing, Indianapolis, 2006

10.2 Online-Quellen

[o01] Bank für Internationalen Zahlungsausgleich – 70. Jahresbericht, http://www.bis.org/publ/ar2000g6.pdf

[o02] Tim Berners-Lee, „Information Management: A Proposal“, http://www.w3.org/History/1989/proposal.html, 1990

[o03] Tim Berners-Lee, „The WorldWideWeb browser“, http://www.w3.org/People/Berners-Lee/WorldWideWebhttp://bnv-gz.de/fundgrube/ssh/ssh.html, 1993

[o04] Tim Berners-Lee, Robert Cailliau, CERN, „WorldWideWeb: Proposal for a HyperText Project”, http://www.w3.org/Proposal.html, 1990

[o05] Bert Bos, W3C, „Cascading Style Sheets Home Page”, http://www.w3.org/Style/CSS/. 2006

[o06] Bundesministerium des Innern, „E-Mail ersetzt Aktenbock“, http://www.staat-modern.de/dokumente/sm_artikel_staat_modern/793710/dok.htm, 2005

[o07] James Clark, W3C, „XSL Transformations (XSLT) Version 1.0“, http://www.w3.org/TR/xslt , 1999

[o08] DOJO Foundation, „Dojo 0.4.0 Release Candidate“, http://blog.dojotoolkit.org/, 2006

[o09] Christoph Drösser, „Messe-Tops, Messe-Flops – Wohin mit dem Fortschritt? Verbraucher bleiben unberechenbar“, http://www.zeit.de/2004/13/C-Leitglosse, 2004

[o10] ecma International, „Standard ECMA-262 – ECMAScript Language Specification“,

http://www.ecma-international.org/publications/standards/Ecma-262.htm, 1999

[o11] F.A.Z. Electronic Media GmbH, „Neuer Markt", http://boersenlexikon.faz.net/neuermar.htm, 2001-2006

[o12] Susannah Fox, Janna Quitney Anderson, Lee Rainie, Pew Internet & American Life Project, „The Future of the Internet - In a survey, technology experts and scholars evaluate where the network is headed in the next ten years", http://www.pewinternet.org/pdfs/PIP_Future_of_Internet.pdf, 2005

[o13] Ned Freed & Nathaniel Borenstein, Network Working Group, http://www.ietf.org/rfc/rfc2045.txt, 1996

[o14] Clemens von Frentz, „Neuer Markt - Die Chronik einer Kapitalvernichtung", http://www.manager-magazin.de/geld/artikel/0,2828,186368,00.html, 2003

[o15] Förderverein Bürgernetz für den Landkreis Günzburg e.V., http://bnv-gz.de/fundgrube/ssh/ssh.html, 2004 Jesse James Garrett, „AJAX: A New Approach to Web Applications",

[o16] Jesse James Garrett, „AJAX: A New Approach to Web Applications", http://www.adaptivepath.com/publications/essays/archives/000385.php, 2005

[o17] Geschichte des Internet, http://www.geschichte-des-internet.com/, 2002

[o18] Google Inc., Google Maps, http://maps.google.com/, 2006

[o19] Google Inc., Google Personalisierte Suche (Beta), http://www.google.de/ig, 2006

[o20] Google Inc., Google Suggest, http://www.google.com/webhp?complete=1&hl=en, 2006

[o21] GreyMagic Software, „Reading local files in Netscape 6 and Mozilla.", http://www.greymagic.com/security/advisories/gm001-ns/, 2002

[o22] Curt Hibbs, „AJAX on Rails", http://www.onlamp.com/pub/a/onlamp/2005/06/09/rails_ajax.html, 2005

[o23] Intel Corporation, „Durch Innovation verleiht Intel dem Moore'schen Gesetz weiterhin Gültigkeit", http://www.intel.com/cd/corporate/techtrends/emea/deu/209836.htm, 2006

[o24] UC Irvine, J. Gettys, J. Mogul, H. Frystyk, L. Masinter, P. Leach, T. Berners-Lee, Compaq, W3C, MIT, Xerox Network Working Group, „Hypertext Transfer Protocol -- HTTP/1.1", http://www.ietf.org/rfc/rfc2616.txt, 1999

[o25] ISO, International Organization for Standardization, „Information processing -- Text and office systems -- Standard Generalized Markup Language (SGML) ", http://www.iso.org/iso/en/CatalogueDetailPage.CatalogueDetail?CSNUMBER=16387, 2004

[o26] Sebastian Kuhbach, „Internet Explorer 7 bekommt RSS-Icon von Firefox", http://www.winfuture.de/news,23407.html, 2005

[o27] Philippe Le Hégaret, Ray Whitmer, Lauren Wood, W3C DOM IG, „Document Objekt Model (DOM)", http://www.w3.org/DOM, 2005

[o28] Market Share, „Browser Market Share for Year 2006", http://marketshare.hitslink.com/report.aspx?qprid=0&qpmr=15&qpdt=1&qpct=3&qptimeframe=Y, 2006

[o29] Jürgen Mauerer, „AJAX und ASP.NET - Technologien für moderne Web-Anwendungen“, http://www.microsoft.com/germany/msdn/library/web/AJAXUndASPNET.mspx?mfr=true, 2006

[o30] Netscape, „Netscape Communications Corporations Company Backgrounder“, http://wp.netscape.com/company/about/backgrounder.html#growth 1999

[o31] Netscape Communications Corporation, „Client-Side JavaScript Reference“, http://devedge-temp.mozilla.org/library/manuals/2000/javascript/1.3/reference, 1999

[o32] Sven Neuhaus, iX, „JSON und JSON-RPC: AJAX ohne XML - Betont schlank“, http://www.heise.de/ix/artikel/2006/01/070/, 2006

[o33] Tim O’Reilly, „What Is Web 2.0 – Design Patterns and Business Models for the Next Generation of Software”, http://www.oreillynet.com/pub/a/oreilly/tim/news/2005/09/30/what-is-web-20.html, 2005

[o34] ObjectGraph, http://www.objectgraph.com/dictionary, 2005

[o35] Gerhard Partsch, Fachhochschule Deggendorf, „Geschichte des World Wide Web“, http://www.biw. fhd. edu/partsch/wse/0304/www/geschichte.htm, 2004

[o36] Tom Pixley, Netscape Communications Corporation, W3C, „Document Object Model (DOM) Level 2 Events Specification“, http://www.w3.org/TR/DOM-Level-2-Events/, 2000

[o37] Liam Quin, W3C, „Extensible Markup Language (XML)“, http://www.w3.org/XML, 2006

[o38] RUS-CERT, Universität Stuttgart, „[MS/IE] Schwachstellen im Internet Explorer“, http://cert.uni-stuttgart.de/ticker/article.php?mid=642, 2002

[o39] Bärbel Scheele, ZDF wissen & entdecken „Klein, winzig, nano - Die Zukunft der Nanotechnologie“, http://www.zdf.de/ZDFde/inhalt/7/0,1872,2013639,00.html, 2006

[o40] Jan Schmidt, Uni Bamberg Forschungsstelle „Neue Kommunikationsmedien“, „Praktiken des Bloggens - Strukturierungsprinzipien der Online-Kommunikation am Beispiel von Weblogs“, www.uni-bamberg.de/split/kowi/fonk/index.html, 2005

[o41] Unabhängiges Datenschutzzentrum für Datenschutz Schleswig-Holstein, „ActiveX und wie man es los wird“, http://www.datenschutzzentrum.de/selbstdatenschutz/internet/browser/actcntnt/activex.htm

[o42] Miriam Vieregger, „Internet-Boom ohne Blase“, http://www.netzeitung.de/internet/364350.html, 2005

[o43] W3C, „Document Object Model (DOM) Level 1 Specification“, http://www.w3.org/TR/1998/REC-DOM-Level-1-19981001/, 1998

[o44] W3C, „Document Object Model (DOM) Level 3 Core Specification“, http://www.w3.org/TR/DOM-Level-3-Core/http://www.w3.org/TR/DOM-Level-2-Events/, 2004

[o45] W3C Web APIs Working Group, „The XMLHttpRequest Object”, http://www.w3.org/TR/XMLHttpRequest/, 2006

[o46] Web 2.0 Conference, http://www.web2con.com/pub/w/40/coverage.html, 2005

[o47] Ken Whistler, „ISO/IEC 8859-1.1998 to Unicode“, http://www.zeit.de/2004/13/C-Leitglosse, 2004

[o48] Luke Wroblewski, LukeW Interface Designs, „AJAX & Interface Design”, http://www.lukew.com/resources/ articles/ajax_design.asp, 2006

[o49] Google Inc., http://www.writely.com/, 2006

[o50] Yahoo!, http://maps.yahoo.com/beta/index.php, 2006

[o51] F. Yergeau, Network Working Group, „RFC 3629 (RFC3629)“, http://www.faqs.org/rfcs/rfc3629.html, 2003

[o52] Frank W. Zametti, „AJAX using XMLHttpRequest and Struts”, http://www.omnytex.com/articles/ xhrstruts/xhrstruts.pdf, 2006

[o53] Michael zur Mühlen, Institut für Wirtschaftsinformatik, „Internet: Historie und Technik – Arbeitsbericht Nr. 66”, http://www.wi.uni-muenster.de/inst/arbber/ab66.pdf# search=%22www%201993%20datenverkehr%20%22, 1999

11 Abkürzungsverzeichnis

AJAX	......	Asynchronous Javascript and XML
API	......	Application Programming Interface
ASCII	......	American Standard Code for Information Interchange
ASP	......	Active Server Pages
BITV	......	Barrierefreie Informationstechnik-Verordnung
CERN	......	Organisation Européenne pour la Recherche Nucléaire
COM	......	Component Object Model
CPU	......	Central Processing Unit
CSS	......	Cascading Style Sheets
DHTML	......	Dynamic HTML
DOM	......	Document Object Model
DSSSL	......	Document Style Semantics and Specification Language
DSL	......	Digital Subscriber Line
DTD	......	Document Type Definition
DWR	......	Direct Web Remoting
FTP	......	File Transfer Protocol
GML	......	General Markup Language
GWT	......	Google Web Toolkit
HTML	......	Hypertext Markup Language

HTTP	......	Hypertext Transfer Protocol
IP	......	Internet Protocol
IRC	......	Internet Relay Chat
ISDN	......	Integrated Services Digital Network
ISO	......	International Organization for Standardization
JSON	......	JavaScript Object Notation
JSP	......	Java Server Pages
JSSS	......	JavaScript Style Sheets
LAN	......	Local Area Network
MAN	......	Metropolitan Area Network
MIME	......	Multipurpose Internet Mail Extensions
MSXML	......	Microsoft XML Core Services
NNTP	......	Network News Transfer Protocol
P2P	......	Peer-to-Peer
PC	......	Personal Computer
RSS	......	Really Simple Syndication
SGML	......	Standardized Generalized Markup Language
SSH	......	Secure Shell
TCP/IP	......	Transmission Control Protocol/Internet Protocol
URI	......	Universal Resource Identifier
URL	......	Uniform Resource Locator
VoIP	......	Voice over IP
VM	......	Virtual Machine
VPN	......	Virtual Private Network
W3C	......	World Wide Web Consortium
WAIS	......	Wide Area Information Server System
WAN	......	Wide Area Network
WPS	......	Weblog-Publikationssystem
WUI	......	Web User Interface

WWW	......	World Wide Web
WYSIWYG	......	What You See Is What You Get
XHTML	......	eXtensible Hypertext Markup Language
XML	......	eXtensible Markup Language
XSL	......	eXtensible Stylesheet Language
XSLT	......	eXtensible Stylesheet Language for Transformation

12 Index